Michael Johann Friedrich Wiedeburg

Kompendiöses französisch-deutsches Wörterbuch

Michael Johann Friedrich Wiedeburg

Kompendiöses französisch-deutsches Wörterbuch

ISBN/EAN: 9783744635578

Hergestellt in Europa, USA, Kanada, Australien, Japan

Cover: Foto ©Paul-Georg Meister /pixelio.de

Weitere Bücher finden Sie auf **www.hansebooks.com**

Compendiöses, doch zahlreiches
französisch-teutsches
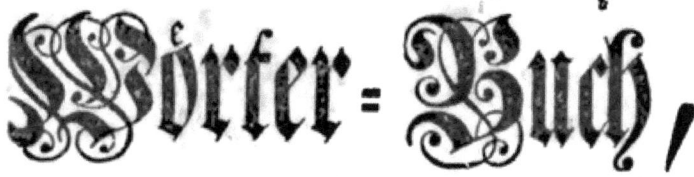
Wörter=Buch,
oder
dreytausend Vocabeln,
nach der Ordnung,
wie solche von einem,
der die französische Sprache lernen will,
am nützlichsten und bequemsten zu memoriren sind.

Nebst einem Auszug,
von zweytausend ein und achtzig
der schweresten
und
pur französischen Wörter,
sonderlich allen, die Latein verstehen,
sehr dienlich.

Gesamlet
von
M. J. F. Wideburg.

Halle,
im Verlag des Waisenhauses,
1765.

Vorrede.

Gegenwärtige Wörter-Sammlung bestehet aus zweyen Theilen. Der erste Theil hält dreymahl 1000 Wörter in sich, nach der Ordnung, wie sie zu memoriren sind. Man ist mit Fleiß von der gewöhnlichen Ordnung, die man gemeiniglich in den Wörter-Büchern findet, abgewichen, und hat die Wörter nicht nach der Abstammung, auch nicht nach dem Alphabeth, viel weniger unter gewissen Artickeln gesetzet, als welcherley Ordnung man theils in Dictionnairen, theils in andern kleinen Wörter-Büchern, dergleichen man fast in allen französischen Grammairen hat, findet. Der enge Raum verstattet mir nicht, diese meine erwählte Ordnung der Wörter weitläuftig zu rechtfertigen.

Kurz, der erste Theil ist bloß zum Auswendiglernen verfasset. Die primitiva, deren im ersten Theil 914 sind, sind mit Cursivschrift gedruckt, die man auch nach Belieben zuerst mitnehmen kan.

Der andere Theil ist nach dem Alphabeth eingerichtet, und findet man darin eine grosse Anzahl pur französischer Wörter, die also nicht vom Lateinischen herkommen, und deswegen denen, die Latein verstehen, sehr nützlich seyn werden, weil ihnen die aus dem Latein herkommende Wörter leicht zu begreifen sind. Um solche

che fremde Wörter nachschlagen zu können, so hat man hier die Ordnung nach dem Alphabeth beybehalten. Es sind in diesem Theile die pur französischen Wörter mit Cursivschrift gedruckt; die eingerückten sind die derivata von ihren drüber stehenden primitivis.

Die Anzahl der Wörter im andern Theil beläuft sich auf 2081, sind also 5081 Wörter in diesem compendiösen Vocabulario. Ich habe verschiedene Wörter, von der Benennung der Länder, Völker, Thiere, Blumen, Gewächse, Hausgeräthe ꝛc. mit Fleiß ausgelassen, als welche fast in allen Grammairen zu finden sind.

Es ist diese ganze Sammlung gezogen aus dem Dictionnaire en abregé, als dem dritten Theile des verbesserten französischen Langii, welche Grammaire ohnstreitig eine der besten, gründlichsten und vollständigsten ist. Wer die Wörter nach ihrer Abstammung wissen will, der findet im erwehnten Dict. en abregé, worin auch zugleich eine schöne Abhandlung vom bequemen Erlernen der Vocabeln vorhanden ist, und in andern Dictionnairen, was er suchet.

Gegenwärtiges Wörter-Buch kan vor wenig Geld angeschaffet werden, und doch hoffentlich, sonderlich zum Memoriren, gute Dienste thun. Was ich sonsten, bey der mühsamen Zerstreuung der Wörter versehen, entweder, da etwa ein Wort ausgelassen, doppelt gesetzt, oder unrecht placiret worden, (wofür ich mich aber sorgfältig gehütet habe), bitte zu entschuldigen.

Indessen wünsche nichts mehr, als daß diese meine geringe Arbeit angenehm und nützlich seyn möge.

Norden, den 25ten Martii,
1765.

Man hat dieses Format erwählet, weil man hoffet, daß es bequem zu Parrot Grammaire gebunden und gebraucht werden könne.

Das erste Tausend.
Erster Theil.

1. *Je*, ich. abſolute, moi.
tu, du. abſolute, toi.
il, er, es. abſ. lui.
elle, ſie. abſ. elle.
5. *nous*, wir, uns. abſ. nous.
vous, ihr, euch. abſ. vous.
ils, ſie. maſc. abſ. eux.
elles, ſie. fœm. abſ. elles.
on, l'on, man.
10. *ſe*, ſich. abſ. ſoi.
mon, ma, mein. plur. mes.
ton, ta, dein. plur. tes.
ſon, ſa, ſein, ihr. plur. ſes.
nôtre, unſer. plur. nos.
15. *vôtre*, euer. plur. vos.
leur, ihr. plur. leurs.
bon, gut. fœm. bonne.
la bonté, die Gütigkeit.
avoir, ayant, eu, haben.
20. *être*, étant, été, ſeyn, werden.
aimer, lieben.
aimer mieux, lieber mögen.

l'amour, die Liebe.
faire, faiſant, fait, machen, laſſen, thun.
25. *fort*, ſtark, ſehr.
le père, der Vater.
la mère, die Mutter.
le frere, der Bruder.
la sœur, die Schweſter.
30. *demander*, fragen, begehren.
et, und.
ou, oder. (ohne accent)
où, wo, wohin.
eſtimer, ſchätzen, hochachten.
35. *donner*, geben.
pardonner, vergeben.
flatter, ſchmeicheln.
la flatterie, die Schmeichelen.
aller, gehen.
40. *s'en aller*, weggehen.
venir, kommen; -nant, -nu.
reve-

revenir, wieder kommen.
devenir, werden.
prier, bitten.
45. la prière, die Bitte, Gebet.
le serviteur, der Diener.
la servante, Dienerin, Magd.
servir, servant, servi, bienen, Speise auftragen, vorlegen.
aussi, auch, so, eben so.
50. *si*, wenn, ob, so.
par, durch, von.
par-tout, überall.
parler, reden.
la parole, das Wort.
55. *beau*, bel, schön. f. *belle*.
la beauté, die Schönheit.
parceque, puisque, weil.
mais, aber, sondern.
mal, übel.
60. *le mal*, das Uebel, Krankheit.
la malice, die Bosheit.
malade, krank.
la maladie, die Krankheit.
ici, hier. *d'ici*, von hier.
65. *l'homme*, der Mensch, Mann.
la femme, die Frau, Weib.
le fils, der Sohn.
la fille, die Tochter, Mädgen.
grand, groß, mächtig.
70. *petit*, klein, jung.
perdre, perdant, perdu, verliehren, verderben.
la perte, der Verlust.
chercher, suchen.

trouver, finden, antreffen.
75. *se trouver*, sich befinden.
content, zufrieden, vergnügt.
le contentement, das Vergnügen.
prendre, prenant, pris, nehmen, fassen, fangen, greifen.
aprendre, lehren, lernen, erfahren.
80. *pourquoi*, warum?
pour, für, um, zu.
de, von, zu.
dans, en, in.
voir, voyant, vû, sehen.
85. *mettre, mettant, mis*, setzen, legen, anlegen ꝛc.
permettre, erlauben, zulassen.
la permission, die Erlaubniß.
promettre, versprechen, zusagen.
la promesse, das Versprechen.
90. *devoir, devant, du*, sollen, müssen, schuldig seyn.
le devoir, die Schuldigkeit, Pflicht.
avec, mit, bey.
Dieu, GOtt.
vouloir, voulant, voulu, wollen, haben wollen.
95. la volonté, der Wille.
la terre, die Erde.
le ciel, der Himmel. plur. les cieux.

comme,

comme, wie, als, da, weil.
comment? wie?
100. *que*. daß, welchen, als.
qui, wer, welcher.
Monsieur, Mein Herr.
Messieurs, Meine Herren.
Madame, Meine Frau.
105. Mademoiselle, Meine Jungfer.
l'honneur, die Ehre.
le deshonneur, Unehre, Schande.
le jour, der Tag, Licht.
toûjours, allezeit.
110. *là*, da, dort.
remercier, danken, sich bedanken.
le remerciment, der Dank.
bièr, gestern.
avant hièr, vorgestern, ehegestern.
115. *le cœur*, das Herz, Gemüth.
le feu, das Feuer.
demeurer, wohnen, bleiben.
la demeure, die Wohnung.
beaucoup, viel.
120. *trop*, gar zu viel, zu sehr.
peu, wenig.
un peu, ein wenig.
plus, davantage, mehr.
demain, morgen.
125. après demain, übermorgen.
pouvoir, pouvant, pû, können, vermögen.
savoir, sachant, sçu, wissen, können.

le service, der Dienst.
quand, wann, als.
130. *quant*. was anlanget.
quoique, bienque, encoreque, obgleich, obschon.
l'enfant, das Kind.
l'enfance, f. die Kindheit.
l'eau, das Wasser.
135. *parfait*, vollkommen.
imparfait, unvollkommen.
parfaitement, vollkömmlich.
la perfection, Vollkommenheit.
l'ami, der Freund.
140. l'amitié, die Freundschaft.
l'ennemi, der Feind.
l'inimitié, f. die Feindschaft.
ainsi, also, derohalben.
bien, gut, wohl, viel.
145. *très*, sehr, überaus.
car, denn.
apeller, rufen.
s'apeller, heissen.
l'or, das Gold.
150. d'or, gülden, von Gold.
l'argent, das Silber.
d'argent, silbern.
de l'argent, Geld.
la chambre, die Kammer.
155. *la faveur*, Gunst, Gnade.
favorable, günstig, gewogen.
la grace, die Gnade, Gunst.
la disgrace, die Ungnade.
agréable, angenehm.
160. désagréable, unangenehm.

U 2 *l'habit*,

l'habit, das Kleid.
s'habiller, sich ankleiden.
se deshabiller, sich auskleiden.
le bonheur, das Glück.
165. le malheur, das Unglück.
heureux, glücklich.
malheureux, unglücklich.
heureusement, unglücklicher Weise.
un, ein. une, eine.
170. sur, über, auf.
sous, unter.
le respect, Ehrerbietung.
l'estime, f. Hochachtung, Werth.
se coucher, sich legen, zu Bette gehen.
175. commander, befehlen.
le commandement, Befehl.
la maison, das Haus.
ce, cet, dieser. cette, diese.
plur. ces, diese.
cher, lieb, theuer, werth.
180. commode, bequem, gemächlich.
incommode, unbequem.
incommoder, Beschwerde verursachen.
dire, disant, dit, sagen, reden.
entrer, hineinkommen, hineingehen.
185. l'entrée, f. Eingang.
en, in, als, in dem, dessen, davon ꝛc.
le jardin, der Garten.
le jardinier, der Gärtner.

la langue, die Zunge, Sprache.
190. le livre, das Buch.
ne-pas, nicht.
ne-rien, nichts.
ne-jamais, niemals.
ne-que, nur.
195. ne-personne, niemand.
l'occasion, f. Gelegenheit.
oser, dürfen, sich unterstehen.
ôter, wegnehmen, wegthun.
oui, Ja.
200. non, Nein.
connoitre, connoissant, connu, kennen, erkennen.
parmi, unter, bey.
la part, der Theil, Antheil.
porter, tragen.
205. se porter, sich befinden.
aporter, hertragen.
emporter, wegtragen.
le roi, der König.
la reine, die Königin.
210. la santé, die Gesundheit.
sans, ohne.
le sang, das Blut.
seulement, nur, einzig und allein.
sincère, aufrichtig.
215. sincèrement, aufrichtiglich.
la sincèrité, Aufrichtigkeit.
sentir, sentant, senti, fühlen, empfinden, riechen.
le sentiment, Meynung, Empfindung.

sou-

souhaiter, wünſchen, verlangen.
220. le ſouhait, Wunſch, Verlangen.
aſſurer, verſichern.
aſſurément, ſicherlich, gewiß.
ſouvent, oft.
la table, der Tiſch.
225. acheter, kaufen.
vendre, verkaufen.
le vin, der Wein.
le vinaigre, der Eſſig.
le tems, die Zeit, das Wetter.
230. tout, toute, alle, ganz.
bientôt, bald.
auſſi-tôt, alſobald, gleich.
entendre, hören, verſtehen.
atendre, warten.
235. en atendant, unterdeſſen.
la vertu, die Tugend.
vertueux, tugendhaft.
travailler, arbeiten, plagen.
le travail, die Arbeit.
240. envoyer, ſchicken, ſenden.
rendre, machen, wiedergeben.
la ſemaine, die Woche.
le ſoir, der Abend.
la nuit, die Nacht.
245. le minuit, die Mitternacht.
le midi, der Mittag, zwölf Uhr um Mittag.
après-midi, Nachmittag.
diner, zu Mittag eſſen.

le diner, die Mittagsmahlzeit.
250. ſouper, zu Abend eſſen.
le ſoupé, das Abendeſſen.
ſortir, ausgehen, entſpringen.
partir, partant, parti, verreiſen, abgehen, herrühren.
le départ, die Abreiſe.
255. empêcher, verhindern, abhalten.
plein, voll.
vuide, leer, ledig.
vrai, wahr.
la vérité, die Wahrheit.
260. véritable, wahrhaftig.
vraïement, wahrlich.
y, da, daſelbſt, dahin, darin ꝛc.
bien-aiſe, froh.
aimable, lieblich, liebenswerth.
265. capable, fähig, tüchtig, geſchickt.
incapable, unfähig.
la capacité, die Fähigkeit.
excuſer, entſchuldigen.
l'excuſe, f. die Entſchuldigung.
270. le chagrin, der Verdruß.
le chapeau, der Hut.
ce que, was. que? was?
chez, bey, im Hauſe.
écrire, écrivant, écrit, ſchreiben.
275. fermer, zumachen, zuſchlieſſen.

la *fenêtre*, das Fenster.
la *porte*, die Thür, das Thor.
obeïr, gehorchen.
obeïssant, gehorsam.
280. quelque fois, bisweilen.
craindre, craignant, craint, fürchten.
la crainte, die Furcht.
croire, croyant, cru, glauben, meynen.
françois, französisch. subst. Ein Franzos.
285. desirer, wünschen, verlangen, begehren.
la *cléf*, der Schlüssel.
gager, wetten, verpfänden.
gouter, kosten, schmecken.
couter, kosten, gelten.
290. pas encore, noch nicht.
encore, noch, gleichwohl.
le *cousin*, der Vetter.
la cousine, die Base.
l'*oncle*, der Oheim.
295. *couvrir, couvrant, couvert*, bedecken.
le *désir*, das Verlangen.
le pardon, die Vergebung.
écouter, hören.
garder, verwahren.
300. regarder, ansehen, betrachten.
honnête, ehrlich, löblich.
l'honnêteté, Ehrlichkeit, Zucht.
honorer, ehren.
deja, schon.
305. jouir, genießen,

se rejouir, sich erfreuen.
la *joye*, die Freude.
laisser, lassen, verstatten.
se *moquer*, verspotten, vexiren.
310. le *maitre*, Meister, Herr.
la *lêtre*, der Brief, Buchstabe.
obliger, verbinden, verpflichten.
obligeant, höflich.
lire, lisant, lû, lesen.
315. *meilleur*, besser. adject.
mieux, besser. adverb.
le meilleur, der beste.
le mieux, am besten.
la lumiere, Licht, Tageslicht.
320. allumer, anzünden.
la *chandelle*, das Licht, Kerze.
le chandelier, der Leuchter.
éteindre, éteignant, éteint, auslöschen.
manger, essen.
325. montrer, zeigen, weisen.
commettre, begehen.
se promener, spatzieren gehen.
la promenade, der Spatziergang.
l'occupation, die Beschäftigung.
330. la patience, die Geduld.
patient, geduldig.
impatient, ungeduldig.
patiemment, geduldiglich.
manquer, fehlen, ermangeln.
335. né-

335. *nécessaire*, nothwendig.
ordonner, befehlen, ordnen.
l'ordre, Ordnung, Befehl.
le desordre, Unordnung.
oublier, vergessen.
340. *le pain*, das Brodt.
mépriser, verachten.
le mépris, Verachtung.
le papier, das Papier.
la plume, die Feder.
345. ouvrir, ouvrant, ouvert, öffnen.
payer, bezahlen.
quelque chose, Etwas.
quelqu'un, Jemand.
la peine, Mühe, Strafe.
350. à peine, kaum.
le soleil, die Sonne.
suivre, suivant, suivi, folgen.
enseigner, lehren, unterrichten.
querir, holen.
355. aller querir, holen wollen.
venir querir, geholt haben.
envoyer querir, holen lassen.
penser, gedenken.
la pensée, der Gedanken.
360. le plaisir, das Vergnügen.
le déplaisir, das Mißvergnügen.
plaire, plaisant, plû, gefallen.
puis, hernach.
depuis, seitdem, nachhero.
365. *quoi*, was, etwas.
arriver, ankommen, anfahren, anländen.

l'arrivée, die Ankunft.
la rose, die Rose.
s'arrêter, sich aufhalten, verweilen.
370. se hâter, eilen, fortmachen.
la hâte, die Eil.
tarder, säumen, verweilen.
tard, spat, langsam.
boire, bûvant, bû, trinken.
375. la boisson, der Trank, Getränk.
le poisson, der Fisch.
le poison, das Gift.
combien? wie viel? wie lang?
combien de fois? wie oft.
380. *une fois*, einmal.
à la fois, auf einmal, zugleich.
récompenser, vergelten.
la récompense, die Vergeltung.
il pleut, es regnet.
385. la pluye, der Regen.
quiter, loslassen, weglegen.
le printems, der Frühling.
l'été, der Sommer.
l'automne, der Herbst.
390. *l'hiver*, m. der Winter.
employer, gebrauchen, anwenden.
d'abord, alsbald, anfangs.
donc, dann, nun, demnach.
dont, von welchem, von welcher.
395. facile, leicht.
facilement, leichtlich.

leger, leicht (im Gewicht)
difficile, schwer.
pésant, schwer (im Gewicht)
400. *infini*, unendlich.
infiniment, unendlich.
le chemin, der Weg.
commencer, anfangen.
la chose, die Sache, das Ding.
405. *la tête*, der Kopf.
le valet, der Knecht.
le vent, der Wind.
vieux, alt. fœm. *vieille*.
jeune, jung.
410. *la jeunesse*, die Jugend.
la vieillesse, das Alter.
ancien, alt, betagt.
neuf, neuve, neu, unerfahren.
nouveau, nouvelle, neu.
415. *dedans*, drinnen.
le couteau, das Messer.
le canif, das Federmesser.
éviter, meiden, vermeiden, entgehen.
agé, alt, betaget.
420. *l'age*, m. das Alter.
mener, führen.
amener, herbringen.
la montre, die Taschenuhr.
pourtant, dennoch.
425. *c'est pourquoi*, deswegen.
sain, gesund, vernünftig.
tenir, tenant, tenu, halten, vest halten.
témoigner, bezeugen.
le témoignage, das Zeugniß.

430. *tirer*, ziehen, schiessen.
le tiroir, die Schublade.
retirer, zurückziehen.
se retirer, sich davon machen.
tomber, fallen, umfallen.
435. *s'étonner*, erstaunen, sich verwundern.
étonnant, erstaunend.
se souvenir, oder *se resouvenir*, sich erinnern.
le verre, das Glas.
la conversation, der Umgang.
440. *tromper*, betriegen.
se tromper, irren, fehlen.
détromper, den Irrthum benehmen.
la vie, das Leben, Lebens Unterhalt.
vivre, vivant, vecu, leben.
445. *tourner*, drehen, drechseln.
autour, rings herum.
sur-tout, insonderheit.
tout-à-fait, ganz und gar.
tout à l'heure, gleich, alsbald.
450. *très-volontiers*, gar gerne.
veiller, wachen.
éveiller, aufwecken.
s'éveiller, aufwachen.
prévenir, zuvorkommen.
455. *divertir*, ergötzen.
se divertir, sich lustig machen.
le divertissement, die Ergötzung.

la viande, Speise, Kost, Fleisch.
le visage, das Angesicht.
460. aller voir, besuchen.
unique, einzig, allein.
voilà, siehe da, da ist.
voici, siehe hier, hier ist.
aisé, leicht.
465. aisément, leichtlich.
l'aise, m. die Gemächlichkeit.
avoir faim, hungrig seyn.
avoir soif, durstig seyn.
avoir chaud, erhitzt, heiß seyn.
470. avoir froid, kalt, frostig seyn.
cacher, verbergen, verheelen.
se cacher, sich verstecken.
le bras, der Arm.
embrasser, umarmen.
475. embarrasser, in Bestürzung, Verwirrung setzen.
embraser, in Brand stecken.
l'embrassement, m. Umarmung.
l'embrasement, m. Entzündung.
l'embarras, m. Versperrung, Verwirrung.
480. consoler, trösten.
la consolation, der Trost.
le corps, der Leib, ganze Gesellschaft.
l'ame, f. die Seele, Leben, Sinn.

la lame, die Klinge, metallene Platte.
485. l'ane, der Esel.
l'an, das Jahr.
l'année, das Jahr, die Zeit eines Jahrs lange.
le commencement, der Anfang.
recevoir, empfangen, bekommen.
490. causer, verursachen.
la cause, die Ursache.
à cause (de) wegen.
offrir, offrant, offert, anbieten, dargeben.
l'offre, die Anerbietung.
495. bienfait, schön, wohlgestalt.
le bienfait, die Wohlthat.
la faute, der Fehler, begangener Fehler.
le défaut, Fehler, den man an sich hat.
l'église, f. die Kirche.
500. entre, unter, zwischen.
espérer, hoffen.
l'esperance, f. Hoffnung.
certain, gewiß.
certainement, gewißlich.
505. certes, gewißlich.
la bouche, der Mund.
de bouche, mündlich.
la chasse, die Jagd.
chasser, jagen.
la fin, das Ende, Ziel, Absicht.
510. en fin, endlich, zuletzt.
les gens, die Leute.

la gloire, Ehre, Ruhm, Herrlichkeit.
casser, zerbrechen, abbanken.
la chaise, Sessel, Stuhl.
515. *le cheval*, das Pferd. pl. les chevaux.
l'heure, f. Stunde, Zeit, Gelegenheit.
une demie-heure, eine halbe Stunde.
une quart d'heure, Viertelstunde.
jouer, spielen, scherzen.
520. *le jeu*, das Spiel, Scherz.
s'imaginer, sich einbilden.
l'empereur, der Kayser.
l'imperatrice, die Kayserin.
jusque, bis.
525. jusqu'à ce que, bis daß.
la liberté, die Freyheit.
l'histoire, f. Historie, Geschicht.
le logis, die Wohnung.
loger, wohnen, herbergen.
530. alors, da, damals.
lors, da, alsdenn.
lorsque, als, zur Zeit.
recommender, anbefehlen.
la recommendation, die Empfehlung.
535. mériter, verdienen, würdig seyn.
paroitre, paroissant, parû, scheinen, das Ansehen haben.
ni-ni-, weder-, noch-.
le monde, die Welt, Leute.

tout le monde, jedermann.
540. *mourir, mourant, mort,* sterben.
la mort, der Tod.
possible, möglich.
impossible, unmöglich.
exprimer, ausdrücken, aussprechen.
545. la réponse, die Antwort.
répondre, antworten, Bürge seyn.
l'esprit, m. der Geist, Verstand.
tâcher, sich bemühen, befleissigen.
se tacher, sich beflecken, besudeln.
550. après, nach).
après que, nachdem.
auprès (de) bey, neben.
la presence, die Gegenwart.
l'absence, f. die Abwesenheit.
555. sensible, empfindlich.
-- ment.
insensible, unempfindlich.
conserver, erhalten, beybehalten.
la conservation, Erhaltung.
converser, umgehen. conversation.
560. observer, in Acht nehmen, in Obacht haben.
l'observation, f. Beobachtung.
l'état, m. Stand, Zustand.
instamment, inständigst, herzlich.
suplier,

suplier, bemüthig bitten.
565. afinque, afin de, auf daß, damit.
la foi, der Glaube, Treue.
s'efforcer, sich bemühen, Stärke anwenden.
l'effort, m. Bestrebung.
la fortune, Glück, Zufall.
570. fortuné, beglückt.
la France, Frankreich.
rendre graces, danksagen.
ajoûter, hinzufügen, hinzusetzen.
perir, umkommen, zu Grunde gehen.
575. réüssir, gelingen, von statten gehen.
les larmes, f. die Thränen.
élever, erheben, erhöhen.
élevé, erhaben, hoch.
enlever, wegnehmen.
580. laver, waschen.
lever, heben, aufheben.
se lever, aufstehen.
joli, artig, schön, zierlich.
juger, urtheilen.
585. le juge, der Richter.
la manière, Art, Weise, Manier.
la main, die Hand, Handschrift.
méchant, böse.
hors, ausser, ausserhalb.
590. jetter, werfen, wegwerfen.
dehors, draussen, aussen her.
la honte, Schande.
avoir honte, sich schämen.

595. très-humble, bemüthigst, unterthänigst.
regretter, bedauren, beklagen.
le regret, Verdruß, Widerwillen.
haut, hoch.
là haut, droben.
600. bas, niedrig.
là bas, dort drunten.
le bas, der Strumpf.
un autre, ein anderer.
autrement, anders, sonsten.
605. autre fois, ehedessen, vor diesem.
une autre fois, ein andermal.
bâtir, bauen.
le bâtiment, Gebäude, Schiff.
besoin, nöthig, vonnöthen.
610. le besoin, Nothdurft.
avoir besoin, (de) nöthig haben.
tant, so viel, so lang, so sehr.
autant-que, so sehr, so viel . . als.
entretenir, -nant, -nu, unterhalten, unterreden.
615. l'entretien, m. Gespräch, Unterredung.
avertir, berichten, warnen.
avertissement, m. Nachricht.
retourner, s'en retourner, wieder umkehren.

le

la nature, Natur, Art.
le nom, der Name.
675. l'opinion, f. Meynung.
extraordinaire, ausserordentlich.
l'obéissance, f. der Gehorsam.
la desobéissance, f. der Ungehorsam.
desobéïr, ungehorsam seyn.
680. desobéissant, ungehorsam.
occuper, beschäftigen, einnehmen.
l'oeil, das Auge. plur. les yeux, die Augen.
le répas, die Mahlzeit.
le repos, die Ruhe.
685. reposer, ruhen.
la peur, die Furcht.
avoir peur, sich fürchten.
louër, loben.
le louange, das Lob.
690. éviter, meiden, vermeiden, entgehen.
la cuisine, die Küche.
la cuisinière, die Köchin.
la force, Kraft, Gewalt.
la grandeur, die Grösse.
695. *le goût*, der Geschmack, Verstand.
par ici, hiedurch.
d'où, woher.
la leçon, die Lection.
s'asseoir, s'asseiant, s'assis, sich niedersetzen.
700. le siège, der Stuhl.
prêt, bereit, fertig.

aprêter, verfertigen, zubereiten.
le thé, der Thee.
verser, einschenken, eingiessen, umwerfen (den Wagen).
705. la vivacité, Lebhaftigkeit.
renvoyer, zurückschicken.
aborder, anreden, anländen.
le cabinet, besonder Zimmer.
changer, tauschen, verändern.
710. le changement, die Veränderung.
cuire, cuisant, cuit, kochen, braten, brennen.
cuisant, beissend, was wehe thut.
le soin, die Sorge, Fleiß.
soigneux, sorgfältig.
715. *proche* (de) nahe, benachbart.
prochain, nächst, künftig.
le prochain, der Nächste.
s'aprocher, sich nähern.
peu à peu, nach und nach.
720. *charger*, laden, beschweren.
la charge, Last, Dienst, Ladung.
charmer, bezaubern, einnehmen.
charmant, liebreizend, anmuthig.
le chien, der Hund.
725. civil, höflich, bürgerlich.
inci-

incivil, unhöflich.
la civilité, die Höflichkeit.
le courage, Muth, Herzhaftigkeit.
encourager, Herz machen, anfrischen.
730. obligeamment, höflich.
le lieu, der Ort, Gelegenheit, Ursach.
au lieu (de) an statt.
diligent, fleissig.
diligemment, fleissiglich.
735. la diligence, der Fleiß.
négliger, versäumen, nicht achten.
la négligence, die Nachlässigkeit.
négligent, nachlässig.
négligemment, nachlässig.
740. chauffer, wärmen, erhitzen.
s'échauffer, sich erhitzen.
la chemise, das Hemd.
conseiller, rathen, Rath geben.
le conseiller, der Rath, Rathgeber.
745. le conseil, der Rath, Rathschlag.
la compagnie, die Gesellschaft.
le païs, das Land.
le païsan, der Baur.
la païsanne, die Bäurin.
750. la neige, der Schnee.
il neige, es schneiet.
la commodité, Gemächlichkeit.

incommodité, f. Beschwerde.
le dimanche, Sonntag.
755. le lundi, Montag.
lundi prochain, zukünftigen Montag.
le mardi, Dienstag.
le mécredi, Mittewochen.
mécredi passé, vergangene Mittewochen.
760. le jeudi, Donnerstag.
le vendredi, Freytag.
le samedi, Sonnabend.
digne, (de) würdig.
la dignité, Würdigkeit.
765. le diable, der Teufel.
malin, boshaft.
le malin, der böse Geist.
mauvais, böse, garstig.
courir, courant, couru, laufen.
770. couper, schneiden, zerhauen.
tailler, schneiden, hauen.
le tailleur, der Schneider.
vil, schlecht.
vilain, garstig, karg.
775. le vice, das Laster.
vicieux, lasterhaft.
la couleur, die Farbe, Zierde, Vorwand, Schein.
coudre, cousant, cousu, nähen.
le coq, der Hahn.
780. la poule, die Henne, Huhn.
le poulet, junges Huhn.
pourvûque, wenn nur.

plu-

plusieurs, viele, verschiedene.
la *lune*, der Mond.
785. *marcher*, gehen, wandeln.
le *marchand*, der Kaufmann.
la *marchandise*, Handel, Waare.
matin, früh.
demain matin, morgen frühe.
790. le *matin*, der Morgen.
baïr, hassen.
la *haine*, der Haß.
juste, gerecht.
la *justice*, Gerechtigkeit, Gericht.
795. le *lit*, das Bette, Lager, Lage.
la *guerre*, der Krieg.
la *paix*, der Friede.
apaiser, befriedigen, stillen.
habile, geschickt.
800. l'*habileté*, f. Fähigkeit, Geschicklichkeit.
loin, ferne, weit.
loin de, bien loin de, anstatt, weit gefehlt.
marquer, zeichnen, beweisen.
remarquer, in Obacht nehmen.
805. la *marque*, Zeichen, Fleck.
la *remarque*, Anmerkung.
même, auch, selbst.
moi-même, ich selbst.
de même que, eben so wie.
810. la *mer*, das Meer.
l'*affaire*, Geschäfte, Handel.
se *fâcher*, böse werden.
fâcher, erzürnen, zornig machen.
facheux, verdrießlich.
815. je suis fâché de, es ist mir leid, daß ꝛc.
la *dette*, die Schuld.
dormir, *dormant*, *dormi*, schlafen.
s'*endormir*, einschlafen.
sommeiller, schlummern.
820. le *sommeil*, der Schlaf.
songer, träumen, überlegen.
le *songe*, der Traum.
il faut, man muß, il fallloir, man muste, il fallut, man muste, il a falu, man hat gemust, il faudra, man wird müssen, il faut que je etc. ich muß.
profiter, Nutzen schaffen, Nutzen haben.
825. le *profit*, Nutzen, Vortheil.
satisfaire, genug thun, bezahlen.
la *satisfaction*, die Vergnügung.
la *fleur*, die Blume.
fleurir, blühen.
830. *fidele*, getreu.
la *fidelité*, die Treue.
fidelement, getreulich.
gagner, gewinnen.

le gain, der Gewinn.
835. douter, zweifeln.
la doute, der Zweifel, Anstand.
froid, kalt.
le froid, die Kälte.
hardi, dreist, beherzt, verwegen.
840. la hardiesse, die Dreistigkeit, Kühnheit, Verwegenheit.
doux, douce, süß, gelind, still, gemach, sanftmüthig.
doucement, still, gemächlich.
la douceur, die Süssigkeit, Gelindigkeit.
douçâtre, süßlich.
845. amèr, bitter.
l'amertume, Bitterkeit, Verdruß.
rompre, brechen, zerbrechen.
le prix, Werth, Preis, Lohn.
précieux, kostbar.
850. passer, durchgehen, vorbeygehen, übertreffen.
le miroir, der Spiegel.
se mirer, sich bespiegeln.
s'apliquer, (à) sich auf etwas legen, befleissigen.
offenser, beleidigen.
855. non plus, nicht mehr, auch nicht.
puissant, mächtig.
puissamment, mächtiglich.

le pouvoir, Kraft, Vermögen.
s'amuser (à Q.) sich aufhalten.
860. amusement, m. Zeitvertreib, Aufhalten.
se dépêcher, eilen, fortmachen.
la pierre, der Stein.
mentir, lügen.
le mensonge, die Lügen.
865. demi, halb.
la moitié, die Helfte.
entier, ganz, ungebrochen.
entièrement, gänzlich.
l'école, die Schule.
870. l'écolier, der Schüler.
le disciple, Schüler, Lehrling.
la douleur, Schmerz, Traurigkeit.
finir, endigen, beschliessen.
le garçon, Jung, Junggesell.
875. le fromage, der Käse.
inviter, einladen.
le moyen, Mittel, Weg.
moins, weniger. adv.
moindre, geringer, kleiner.
880. préparer, vorbereiten.
la préparation, Vorbereitung.
la connoissance, Bekantschaft, Wissenschaft.
inconnu, unbekant.
la pomme, der Apfel.
885. le pommier, Apfelbaum.
rond,

rond, rund, aufrichtig, Kreis.
le mouchoir, Schnupftuch.
moucher, schneuzen, lichtputzen.
les mouchettes, Lichtputze.
890. avant, vor.
devant, vor, vorher, voran.
au devant, (de) entgegen.
dernièrement, neulich.
le dernier, der letzte.
895. derrière, hinter, zurück.
bleu, blau.
bleuâtre, bläulich.
blanc, blanche, weiß.
blanchâtre, weißlicht.
900. rouge, roth. rougeâtre.
rougir, roth färben, roth werden, sich schämen.
noir, schwarz, finster, noirâtre.
noircir, schwarz machen, verläumden.
gris, grau. grisâtre.
905. brun, braun. brunâtre.
jaune, gelb. jaunâtre.
jaunir, gelb machen, gelb werden.
verd, verte, grün. verdâtre oder verdelet, grünlich.
blanchir, bleichen, weiß machen.
910. le blanchisseur, Bleicher.
la blanchisseuse, Wäscherin.
la nouvelle, Zeitung, Nachricht.
la gazette, Zeitung, Courant.

foible, schwach.
915. la foiblesse, Schwachheit.
gémir, seufzen, ächzen.
le gémissement, das Seufzen.
soupirer, seufzen.
le soupir, der Seufzer.
920. le prémier, der erste, vorderste.
prémièrement, erstlich.
le second, der zweyte, andere.
deux, zwey.
trois, drey.
925. quatre, vier.
cinq, fünf.
six, sechs.
sept, sieben.
huit, acht.
930. neuf, neun.
dix, zehn.
onze, elf.
douze, zwölf.
treize, dreyzehn.
935. quatorze, vierzehn.
quinze, funfzehn.
seize, sechszehn.
dix sept, siebenzehn.
dix huit, achtzehn.
940. dix neuf, neunzehn.
vingt, zwanzig.
trente, dreyßig.
quarante, vierzig.
cinquante, funfzig.
945. soixante, sechszig.
soixante et dix, siebenzig.
quatre-vingt, achtzig.

B   quatre-

Das andere Tausend.

1. Avancer, fortgehen.
avancement, m. Fortgang.
l'avantage, m. Vortheil.
le desavantage, Schaden, Nachtheil.
5. avantageux, nützlich.
aucun, niemand, keiner.
aucunement, keinesweges.
s'abuser, sich irren.
l'abus, m. Mißbrauch, Verderben.
10. desabuser, den Irrthum benehmen.
le voisin, der Nachbar.
la voisinage, Nachbarschaft.
le zèle, der Eifer.
avouër, gestehen, beyfallen.
15. desavouër, leugnen, nicht billigen, nicht für das Seine erkennen.
utile, nützlich.
inutile, unnützlich.
utilité, f. Nutzbarkeit.
l'arbre, der Baum.
20. le bois, das Holz, Gehölze.
le bruit, das Geräusch, Gerücht.
contre, gegen, wider, nahe bey.
au contraire, im Gegentheil.
le contraire, das Gegentheil.
25. contraire, entgegen, zuwider.

bruler, brennen, sehr verlangen.
la cour, der Hof, Hofleben.
chacun, ein jeder.
le succès, der Fortgang.
30. le chrétien, der Christ, Christlich.
le Christianisme, das Christenthum.
l'inclination, f. Neigung, geliebte Person.
enclin, oder incline (à) geneigt.
s'apercevoir de Q. etwas merken, erblicken.
35. apercevoir, gewahr werden, ansichtig werden.
ceſſer, weichen, nachgeben.
ceſſer de, -- aufhören zu --
sans ceſſe, ohne Aufhören, unaufhörlich.
gâter, verderben.
40. le dégat, Verderb, Verheerung.
gauche, link.
la gauche, die linke Hand.
la droite, die rechte Hand.
droit (sprich drâ) gerad, richtig.
45. le droit (sprich droâ) das Recht, Gesetz, Macht.
le doigt, der Finger, Zoll.
prononcer, aussprechen.
la prononciation, Aussprache.
la place, Platz, Ort, Raum.
50. pla-

dérober, stehlen.
se dérober, sich entziehen, entwischen.
regner, regieren, im Schwange gehen.
sauver, retten, erretten.
105. se sauver, sich retten, durchgehen.
le sauveur, Heyland, Seligmacher.
la quantité, Menge, Zahl, Grösse.
la réputation, Ruf, Gerücht, Ehre.
aprehender, fürchten, scheuen.
110. la prison, das Gefängniß.
le prisonnier, Gefangener.
emprisonner, ins Gefängniß legen.
comprendre, begreiffen, verstehen, in sich fassen.
près, nahe, beynahe, ausgenommen.
115. présque, fast, beynahe.
la commission, Befehl, aufgetragenes Geschäfte.
hormis, ausgenommen.
marri, betrübt.
le mari, der Ehemann.
120. se marier, sich verheyrathen.
marier, verehlichen, heyrathen.
le mariage, Heyrath, Ehestand.
la vierge, die Jungfrau.

l'époux, Bräutigam, Gemahl.
125. l'épouse, Braut, Gemahlin, Frau.
l'épousé, Bräutigam, Hochzeiter.
l'épousée, Braut, Hochzeiterin.
épouser, heyrathen.
la nôce, die Hochzeit.
130. nuptial, hochzeitlich.
annoncer, ankündigen, anmelden, verkündigen.
renoncer à Q. sich etwas begeben.
le renoncement, Verleugnung.
constant, beständig.
135. constamment, beständiglich.
inconstant, wandelbar, flatterhaft.
la constance, die Beständigkeit.
l'inconstance, Unbeständigkeit.
sûr, sicher.
140. mal-sûr, unsicher.
toute fois, iedoch, dennoch.
toutes les fois, allemal, so oft.
le vaisseau, das Schiff, Gefäß.
la vénération, Ehre, Ehrerbietigkeit.
145. vénérable, ehrwürdig.
vite, geschwind. vitement.

B 3 la

la vitesse, Hurtigkeit, Geschwindigkeit.
le voyage, Reise, Reisebeschreibung.
voyager, reisen, herumziehen.
150. la voye, Weg, Straße, Mittel, Gelegenheit.
cheminer, wandern, den Weg gehen.
vain, eitel. vainement.
la vanité, Eitelkeit, Pralerey.
distribuer, austheilen.
155. la distribution, Austheilung.
aussi bien que, eben so wohl als.
ardemment, eifrig, begierig.
la bienveillance, Wohlgewogenheit.
la voix, Stimme, Ton.
160. la visite, Besuchung, Visite.
visiter, besuchen, untersuchen.
volontiers, gerne, willig.
aigre, sauer, herb, streng.
aigret, säuerlich.
165. concéder, zugeben, erlauben.
excéder, austreten, überschreiten.
l'excès, m. Uebermaß, Uebertretung.
excepter, ausnehmen.
excepté, ausgenommen.

170. accepter, annehmen.
la colère, der Zorn, zornig.
la condition, Stand, Bedingung.
coucher, legen.
le cou, der Hals. col.
175. le côté, die Seite, Ort, Gegend.
la côte, die Ribbe, Seeküste.
achever, vollenden, endigen.
achevé, vollkommen, vollendet.
chaud, warm, hitzig.
180. la chaleur, Hitze, Wärme.
le boulanger, der Becker.
chanter, singen, besingen.
le chanteur, Sänger.
le chant, Gesang, Stimme.
185. le cantique, geistlich Lied.
la chanson, ein Lied.
plusieurs fois, oft.
toutes les fois, allemal.
forcer, zwingen.
190. par force, à force, mit Gewalt.
généreux, großmüthig.
généreusement, großmüthiglich.
la générosité, Großmüthigkeit.
s'engager en Q. sich in etwas einlassen.
195. engager, verpfänden.
le fer, das Eisen, Gewehr.
les fers, die Fesseln.
faux,

faux, fauſſe, falſch.
fauſſer, verfälſchen.
200. la fauſſeté, Falſchheit.
le faux, Senſe, Sichel.
confeſſer, bekennen, geſtehen, beichten.
la confeſſion, Bekentniß, Beichte.
la famille, die Haushaltung, Geſchlecht.
205. *la faim,* der Hunger.
la difficulté, Schwierigkeit.
l'effet, die Wirkung.
en effet, in der That.
ſouffrir, ertragen, leiden, dulden.
210. la ſouffrance, das Leiden, Schmerzen.
affirmer, bejahen, beſtättigen.
confirmer, bekräftigen.
la confirmation, Bekräftigung.
feu, weiland, verſtorben, ſelig.
215. Gentilhomme, Edelmann, Junker.
les gants, m. Handſchuh.
effrayer, Schrecken einjagen.
l'effroy, m. der Schrecken.
efroyable, erſchrecklich.
220. *gouverner,* regieren, verwalten.
le gouvernement, Regierung.
le gouverneur, Stadthalter, Hofmeiſter.

la gouvernante, Stadthalterin.
le progrès, der Fortgang.
225. jurer, ſchwören, fluchen, betheuren.
conjurer, aufs inſtändigſte bitten, zuſammen verſchwören.
au delà, jenſeits, drüber hinaus.
la loi, das Geſetz.
long, longue, lang, langſam.
230. éloigner, entfernen.
s'éloigner, ſich entfernen.
magnifique, prächtig, herrlich.
remarquable, merkwürdig.
le Médecin, der Arzt.
235. la médecine, Arzneykunſt, Arzney.
admettre, zulaſſen, gut heiſſen.
ſoumettre, unterlegen, unterwerfen.
la ſoumiſſion, Unterwerfung.
remettre, verſchieben, wieder hinlegen.
240. ſe remettre, ſich erholen.
le milieu, die Mitte.
au milieu, in der Mitte.
modérer, mäſſigen, nachlaſſen.
le mois, der Monat.
245. *le moment,* der Augenblick.
monter, ſteigen, aufſitzen.

surmonter, übertreffen, übersteigen.
la renommée, Ruhm, guter Name.
nuire, nuisant, nuit, schaden.
250. nuisible, schädlich, nachtheilig.
nulle part, nirgends.
le pape, der Papst.
par fois, bisweilen.
quelque part, irgendwo.
255. le parti, Parthey, Gelegenheit, Entschluß, Heyrath.
la partie, Theil, Rechnung.
une paire, ein Paar.
une couple, ein Paar, Koppel.
l'orgueil, Hochmuth, Stolz.
260. orgueilleux, trotzig.
ou-ou-, entweder-oder-.
ouir, hören.
par oui dire, vom Hörensagen.
importuner q. Jemanden beschwerlich seyn.
265. le palais, der Pallast.
le palais, der Gaumen.
la passion, Leiden, Affect.
la compassion, Mitleiden.
punir, strafen.
270. impuni, ungestraft.
pécher, sündigen.
pécher, fischen.
le péché, die Sünde.
la patrie, Vaterland.

275. le peuple, das Volk.
remplir, erfüllen.
accomplir, erfüllen.
accomplissement, m. die Erfüllung.
le compliment, das Compliment.
280. à peu près, beynahe.
repliquer, wieder antworten.
la poste, die Post.
le poste, Stand, Ort, Amt.
disposer, ordnen.
285. la disposition, Stand, Macht, Beschaffenheit.
indisposé, übel auf, unpaß.
s'exposer, sich in Gefahr begeben.
être exposé, unterworfen seyn.
s'empresser, sich bemühen, dringen.
290. empressement, m. Eifer, Bemühung.
expressement, ausdrücklich.
exprès, ausdrücklich.
principalement, fürnemlich.
épuiser, erschöpfen, entkräften.
295. railler, scherzen, vexiren.
se railler (de q.) spotten.
la raillerie, der Scherz.
un railleur, Spötter.
surprendre, ertappen, überfallen.

300.

300. surprenant, überfallend, erstaunlich.
la surprise, die Verwunderung.
empoisonner, vergiften.
se porter, sich befinden, sich verhalten, geneigt seyn.
le porteur, Träger, Ueberbringer.
305. quereller, se quereller, zanken.
la querelle, Streit, Zank.
s'aquiter de Q. sich wovon los machen, etwas ausrichten.
pratiquer, practiciren, treiben.
la pratique, Uebung, Praxis, listige Ränke.
310. praticable, thulich, bräuchlich.
impraticable, das sich nicht thun läßt.
pur, rein. pure.
impure, unrein.
la pureté, Reinheit, Sauberkeit.
315. impureté, Unreinigkeit.
net, nette, sauber, rein, deutlich.
la netteté, Sauberkeit, Reinigkeit.
nettoïer, nettéïr, säubern, reinigen.
monde, rein, sauber.
320. monder, reinigen, säubern.
sale, häßlich.

salir, schmutzen, beschmieren.
reprocher, verweisen, vorrücken.
le reproche, Verweiß, Vorwurf.
325. la révérance, Ehrerbietung.
révérer, verehren.
révérend, ehrwürdig.
irrévérend, unehrerbietig.
la saison, Jahrszeit, rechte Zeit zu etwas.
330. saluër, grüssen.
la salutation, der Gruß.
la réligion, Gottesdienst, Religion.
un réligieux, ein Mönch.
enrichir, reich machen.
335. s'enrichir, reich werden.
enrichi, versehen, begabt, geziert.
corriger, verbessern.
la correction, Verbesserung, Bestrafung.
réciproque, wechselsweise.
340. réciproquement, gegenseitig, wiederum.
inquiéter, beunruhigen.
inquiet, unruhig.
la quietude, die Ruhe.
la tranquillité, Ruhe, Stille.
345. tranquille, ruhig, sanft.
rigoureux, strenge, hart.
la rigueur, Strenge, Schärfe.
diriger, richten, lenken.
direct, gerad gerichtet.

350. le directeur, Verwalter, Regierer.
la direction, Führung, Verwaltung.
la règle, Regel, Linteal.
regler, reguliren, abmessen.
régir, regieren, das Regiment führen.
355. la regence, Regierung.
le royaume, das Königreich, Reich.
royal, königlich, prächtig.
corrompre, verderben, verfaulen.
interrompre, unterbrechen.
360. l'érudition, f. Gelehrsamkeit.
la conscience, Gewissen.
sauvage, wild.
sec, seche, trocken, dürre.
désécher, austrocknen.
365. selon, nach, zufolge.
il semble, es scheinet.
faire semblant, sich stellen.
semblable, gleich, ähnlich.
sérieux, ernsthaft.
370. sérieusement, im Ernst, gewiß.
le silence, das Stillschweigen.
assister, beywohnen, helfen.
l'assistance, f. Beystand, Hülfe.
la circonstance, Umstand.
375. résister, widerstehen.
la résistance, Widerstand, Widerstreben.
consister, bestehen.
se désister (de Q.) abstehen.
persister, verharren, bestehen.
380. insister (sur Q.) worauf dringen.
subsister, bleiben, bestehen.
la subsistance, Unterhalt.
l'entendement, m. Verstand.
atention, f. Aufmerksamkeit.
385. intention, f. Meynung, Vorhaben.
intentionné, willens, gesinnet.
incontinent, gleich, alsbald.
contenter, befriedigen, bezahlen.
continuër, fortsetzen.
390. continuation, f. Fortsetzung.
continuël, beständig.
continuellement, beständiglich.
obtenir, erlangen, erhalten.
par-tout, überall, allenthalben.
395. à tout le moins, zum wenigsten.
tout au plus, aufs höchste.
tout le jour, den ganzen Tag.
tous les jours, alle Tage.
un jour, einsmals.
400. *il tonne*, es donnert.
le tonnère, der Donner.
la tour, der Thurm.

attra-

attraper, ertappen, erhaschen.
l'avanture, f. Begebenheit, Zufall.
405. à venir, zukünftig.
la victoire, Sieg, Triumph.
victorieux, sieghaft, siegreich.
triompher, siegen, sich freuen.
le triomphe, Siegesgepränge.
410. venger, rächen, Rache üben.
la vengeance, Rache, Rachgier.
le vengeur, Rächer, Richter.
la vengeresse, Rächerin.
se revencher (de Q.) sich dankbar erweisen.
415. la revenche, Wiedervergeltung.
en vain, vergeblich, umsonst.
valoir, gelten, werth seyn.
il vaut mieux, es ist besser.
faire valoir, herausstreichen.
420. la valeur, Werth, Würde, Tapferkeit.
vanter, herausstreichen, prahlen.
vanteur, Prahlhans, Windmacher.
le proverbe, Sprüchwort.
inventer, erfinden.
425. l'invention, f. Erfindung.

vieillir, alt werden.
invéterer, veralten, einwurzeln.
dévot, andächtig.
la dévotion, Andacht, Frömmigkeit.
430. vivement, heftig, stark, sehr.
vis à vis (de) gegenüber.
la vigueur, Lebhaftigkeit, Munterkeit.
vigoureux, stark, lebhaft.
dépourvû, beraubt, entblößt.
435. pourvû, versehen, versorgt.
imprévû, unvermuthet.
la providence, Vorsehung, göttliche Regierung.
la provision, Vorrath, Erlaubniß.
provisionel, vorläufig, bis auf weitern Bescheid.
440. à l'amiable, in der Güte.
l'acheteur, m. Käufer.
l'achat, Kauf.
racheter, loskaufen, erlösen.
à bon marché, wohlfeil.
445. le vendeur, der Verkäufer.
la vente, der Verkauf.
des amitiés, Liebkosungen.
chagriner, betrüben, verdrüßlich machen.
chérir, herzlich lieben, sehr achten.
450. rechercher, wieder suchen, nachtrachten.

cordial,

505. *la robe*, langer Rock.
  robe de chambre, Schlaf-
    rock.
  le juste-au-corps, Manns-
    rock.
  la jupe, Weiberrock.
  un homme d'étude, ein
    Gelehrter.
510. étudier, studiren.
  s'étudier (à Q.) sich befleis-
    sen.
  étudiant, Studiosus.
  l'étude, f. Lehrübung, Stu-
    diren, Fleiß, Studir-
    stube.
  un homme d'épée, ein
    Kriegsmann.
515. l'épée, der Degen,
    Schwerdt.
  divin, göttlich.
  la Déesse, die Göttin.
  diabolique, teuflisch.
  dès, von der Zeit an.
520. dès que, seit dem, so
    bald als.
  égarer, verirren, verlegen.
  l'égarement, m. Verirrung,
    Irrthum.
  l'enfer, die Hölle.
  infernal, höllisch.
525. doué, begabt, versehen.
  le danger, die Gefahr.
  dangereux, gefährlich.
  le crime, das Laster.
  un criminel, Uebelthäter.
530. curieux, neugierig.
  la curiosité, Neubegierde.
  l'ennui, m. Verdruß.
  s'ennuyer, verdrüßlich wer-

den, lange Weile haben.
conter, raconter, erzehlen.
535. *un conte*, Mährlein,
    Possen.
  un compte, Zahl, Rech-
    nung.
  compter, rechnen, zehlen.
  comptant, baar.
  argent comptant, baar
    Geld.
540. *le comte*, Graf.
  la comtesse, Gräfin.
  la comté, die Grafschaft.
  coupable, schuldig. Subst.
    Ein Verbrecher.
  fraper, schlagen, stossen.
545. *le fil*, der Faden.
  filer, spinnen.
  le fil de l'épée, die Schärfe
    des Schwerdts.
  la quenouille, Rocken,
    Spinnrocken, Wocken.
  sans faute, ohnfehlbar.
550. l'imagination, f. die Ein-
    bildung.
  hardiment, kühn, kecklich.
  pierre de touche, Probier-
    Stein.
  en personne, persönlich.
  s'offenser, böse werden.
555. assembler, sammlen, ver-
    sammlen.
  sciemment, wissentlich.
  saigner, bluten, aderlassen.
  le ruban, das Band, Borte.
  ranger, ordnen, zwingen.
560. *le rang*, Ordnung,
    Reihe.
                        arran-

arranger, in Ordnung stellen.
déranger, verwirren, ver-
rücken.
le dérangement, Unord-
nung, Versetzung.
l'arrangement, m. Ord-
nung, Einrichtung.
565. dévouër, widmen, aufopfern.
le dévouëment, Ergeben-
heit.
l'aveu, m. Bekentniß, Beyfall, Einwilligung.
la cave, der Keller.
la caverne, die Höhle.
570. la bière, das Bier, Sarg.
examiner, prüfen, untersuchen.
extrêmement, überaus.
extrême, äusserst, sehr, heftig, der letzte.
la fièvre, das Fieber.
575. délicat, niedlich, zärtlich.
les délices, Lust, Wohllust.
délicieux, zart, köstlich.
le Duc, der Herzog.
la Duchesse, Herzogin.
580. le Duché, das Herzog-
thum.
errer, irren, fehlen.
l'erreur, m. Irrthum, Versehen.
desesperer, verzweifeln.
le desespoir, Verzweife-
lung.
585. l'encre, f. Dinte.
l'encrier, m. Dintenfaß.

le sable, Sand, Sanduhr.
la bouteille, die Flasche.
la cruche, der Krug.
590. la cruchée, Krug voll.
le séjour, Aufenthalt.
séjourner, sich aufhalten,
wohnen.
haranguer, öffentliche Rede halten.
les hardes, Geräthe, Rei-
sezeug.
595. ignorer, nicht wissen.
ignorant, unwissend.
ignorance, f. Unwissenheit.
le nez, die Nase.
or, nun, nun aber.
600. parier, wetten.
choisir, auslesen, aussu-
chen.
la choix, die Wahl.
secourir, helfen.
le secours, die Hülfe.
605. crier, schreyen, sehr
rufen.
s'écrier, heftig schreyen,
ausrufen.
le cri, Geschrey, Ruf.
caresser, liebkosen, schmeicheln.
la caresse, Liebkosung.
610. la carosse, die Kutsche.
rencontrer, begegnen, an-
treffen.
rencontre, Begegnung, Zu-
sammenkunft, Gelegen-
heit.
le discours, die Rede.
discourir, Gespräch halten.
615.

615. *le coup*, Streich, Schlag, Schuß, Stoß.
un coup, einmal, bey boire und tirer.
excellent, vortreflich.
excellemment, vortreflich.
exceller, vortreflich seyn.
620. *l'experience*, f. Erfahrung.
expert, erfahren, geübt.
la fête, Festtag, Feyertag.
fin, fein, subtil, zart, listig.
la finesse, List, Verschlagenheit.
625. *étrange*, fremd, seltsam, besonders, wunderlich.
étranger, fremd. Subst. Fremdling.
l'interêt, Nutzen, Vortheil.
interessé, eigennützig.
desinteressé, uneigennützig.
630. le desinteressement, uneigennütziges Wesen.
effacer, auslöschen (geschriebenes).
général, allgemein.
en général, überhaupt.
le général, General, Feldherr.
635. il gèle, es frieret.
geler, frieren.
il dégèle, es thauet auf.
la glace, das Eis.
le dégoût, der Ekel.
640. dégoutant, ekelhaft.
dégouter, abgeschmackt machen.
franchement, frey heraus, gerade durch.

franc, franche, frey, redlich, freygebig.
la franchise, Freyheit, Redlichkeit.
645. préférer, vorziehen.
la préférence, Vorzug, Rang.
proférer, hervorbringen, aussprechen.
référer, berichten.
la rélation, Vortrag, Bericht.
650. rélatif, sich auf etwas beziehen.
différer, unterschieden seyn.
la difference, Unterscheid.
different, unterschieden.
indifférent, gleichgültig.
655. indifferemment, gleichgültig.
un different, Streit, Zwietracht.
differer, verschieben.
le délai, Aufschub, Verschub.
exterieur, äusserlich, das Aeussere.
660. *le château*, Schloß, Vestung.
le chef, Haupt, Heerführer.
les cheveux, die Haupthaar.
le champ, Feld, Acker.
les champs, die Felder, das freye Feld.
665. *la cendre*, die Asche.
la ceremonie, Ceremonie, Gebrauch.

couler,

couler, fließen, durchſeihen.
découler, herabfließen.
écouler, verfließen, auslaufen.
670. *l'étui*, das Futteral.
exemple, m. Exempel, Vorbild, Muſter, Vorſchrift.
par exemple, zum Exempel.
mal faire, übel thun.
familier, gemein, vertraulich.
675. familièrement, vertraulich.
la familiarité, Umgang, Vertraulichkeit.
féliciter, Glück wünſchen.
la félicité, Glückſeligkeit.
hazarder, wagen, ſich in Gefahr ſtürzen.
680. *le hazard*, das Wagen, Schickſal, Gefahr.
joindre, fügen.
le ſujet, Unterthan, Materie einer Rede.
ſujet, unterthänig, unterworfen.
l'hôte, m. Wirth, Gaſt.
685. l'hoteſſe, Wirthin.
jeuner, faſten.
déjeuner, frühſtücken.
le jeune, das Faſten.
à jeun, nüchtern.
690. *l'idée*, f. Bild, Einbildung, Begriff.
la réjouiſſance, Erfreuung.
l'image, Bild, Abbildung, Vorſtellung, Kupferſtich.

imaginable, erſinnlich.
pour lors, dazumal.
695. dès lors, von der Zeit an.
las, laſſe, müde.
laſſer, müde machen.
ſe laſſer, müde werden.
ſe délaſſer, ſich ausruhen, die Müdigkeit benehmen.
700. *languir*, matt ſeyn, lechzen, ſich ſehnen.
languiſſant, matt, ſchwach.
le lis, die Lilie.
le lion, der Löwe.
le lièvre, der Haſe.
705. la miſéricorde, Barmherzigkeit.
miſéricordieux, barmherzig.
la commiſeration, das Mitleiden.
modeſte, beſcheiden, ſittſam.
la modeſtie, Beſcheidenheit.
710. *les mœurs*, die Sitten.
amaſſer, zuſammen bringen.
l'amas, m. der Haufen.
ramaſſer, zuſammen raffen, das gefallene aufheben.
mander, befehlen, berichten, aufbieten.
715. *nourrir*, ernähren.
nourriſſant, nahrhaft.
la nourrice, Säugamme.
la nourriture, Nahrung, Zucht, Auferziehung.

ob-

obscur, dunkel, gering, undeutlich.
720. l'obscurité, f. Dunkelheit.
l'œuvre, m. et f. das Werk, Gebäu.
l'ouvrage, m. Werk.
l'ouvrier, m. Handwerker.
apartement, m. Zimmer.
725. autre part, anderwärts.
de toute part, überall.
le pas, Schritt, enger Paß.
pas à pas, Schritt vor Schritt.
se passer de Q. etwas entbehren.
730. surpasser, übersteigen, übertreffen.
l'oreille, das Ohr, Handhabe.
adorer, anbeten.
adoration, f. Anbetung.
adorateur, Anbeter.
735. abonder, Ueberfluß haben.
abondant, überflüssig.
abondamment, überflüssiglich.
l'abondance, f. Ueberfluß, Menge.
répandre, verschütten, ausgiessen.
740. la Pâque, Ostern.
réparer, wieder machen, ausbessern.
irréparable, unersetzlich.
paresseux, faul.
la paresse, die Faulheit.
745. oisif, müssig.
l'oisiveté, f. Müssiggang.

comparer, vergleichen.
la comparaison, Vergleichung.
piquer, stechen, reizen, spicken.
750. se piquet, böse werden.
le pié, der Fuß, Gestell.
percer, durchstechen, durchlöchern.
le péril, die Gefahr.
périlleux, gefährlich.
755. complaisant, dienstfertig, gefällig.
déplaire, mißfallen.
la Pentecôte, Pfingsten.
se répentir, sichs reuen lassen.
cependant, inzwischen.
760. pendant, während.
pendre, henken, hängen.
dépendre, unterworfen seyn, abhangen.
de peur de, de peur que, aus Furcht, damit nicht.
la peau, Fell, Haut.
765. épouvanter, sehr erschrecken.
épouvantable, erschrecklich.
plain, eben, glatt.
la plaine, die Ebene, Fläche.
la pipe, Tobackspfeife.
770. pipe à tabac, Tobackspfeife.
pipe de tabac, Pfeife Toback.
pire, ärger.
pis, auf ärgere Weise.
empirer, verschlimmern.
775.

775. la queue, Schwanz, Stiel, Schleppe.
la rage, Wuth, Raserey.
enrager, rasend werden.
raisonnable, vernünftig.
irraisonnable, unvernünftig.
780. sauter, springen.
le saut, der Sprung.
insulter, schimpflich angreifen.
insulte, m. Schimpf, Verspottung.
salutaire, heilsam.
785. dériver, ableiten, herführen.
la dérivation, Abstammung.
s'arroger, sich anmassen.
arrogant, stolz, vermessen.
le dessein, Vorhaben, Abriß.
790. à dessein, mit Fleiß.
préserver, behüten.
réserver, aufheben.
se réserver, sich vorbehalten.
la réserve, Vorbehalt.
795. sans réserve, ohne Ausnahme.
consentir, einwilligen, beystimmen.
le consentement, Beyfall.
ressentir, empfinden.
le ressentiment, Empfindung.
800. le sens, Sinn, Meynung, Verstand.
insensé, unvernünftig.

posséder, besitzen.
le possesseur, Besitzer.
la possession, Besitzung.
805. le sermon, Predigt.
la servitude, Sclaverey.
ensevelir, einwickeln, begraben.
ensevelissement, m. Begrabung.
enterrer, beerdigen, begraben.
810. enterrement, Beerdigung.
la sépulture, Begräbniß.
le sépulcre, Grab, Gruft.
le tombeau, Grab.
la tombe, Grabstein.
815. le cimetière, Kirchhof, Gottesacker.
le deuil, Leid, Trauer.
prendre le deuil, Trauer anlegen.
porter le deuil, trauren.
le veuf, der Witwer.
820. la veuve, die Witwe.
douloureux, schmerzhaft.
douairière, f. Standeswitwe.
orfelin, orphelin, f. m. Wayse.
pousser, stossen, treiben, reizen.
825. repousser, zurücktreiben.
la puissance, Macht, Gewalt, Staat, Reich.
l'impuissance, Unvermögen.
important, wichtig.
importance, f. Wichtigkeit.
830.

830. qu'importe? was liegt dran.
n'importe, es ist nichts dran gelegen.
se comporter, sich betragen.
le comportement, das Verhalten.
suporter, ertragen, erdulden.
835. insuportable, was nicht zu erdulden.
la poudre, Staub, Pulver.
à propos, eben recht.
mal à propos, zur Unzeit.
hors de propos, zur Unzeit.
840. le pot, Topf, Kanne.
pot de chambre, Kammergeschirr.
la potage, die Suppe.
la soupe, die Suppe.
le soulier, der Schuh.
845. soulager, trösten.
le soulagement, Erleichterung.
la résolution, Entschluß, Auflösung.
absolument, kurz um, durchaus.
absolu, frey, uneingeschränkt.
850. dissolu, muthwillig, unordentlich.
rassasier, sättigen.
le rassasiement, Sättigung.
la soif, der Durst.
le sort, loos, Schicksal, Zauberey.

855. la sorte, Gattung, Art.
de la sorte, de cette sorte, so, also.
le souci, die Sorge, Sorgfalt, Kummer.
se soucier (de Q.) sich bekümmern um etwas.
arrêter, aufhalten, festsetzen, miethen.
860. rester, übrig seyn, verbleiben.
du reste, au reste, übrigens.
persuader, überreden, überzeugen.
se persuader, glauben.
soupçonner, argwohnen, in Verdacht haben.
865. le soupçon, Argwohn.
soupçonneux, argwöhnisch.
suspect, verdächtig, unsicher.
aspirer, hauchen, streben.
conspirer, sich zusammen verbinden, helfen.
870. éternel, ewig.
éternellement, ewiglich.
l'éternité, Ewigkeit.
l'Eternel, GOtt der HErr.
temporel, zeitlich.
875. ataquer, angreifen, anfallen.
l'ataque, f. Anfall, Angriff.
se retarder, sich verweilen.
le retardement, Verweilung.
les ténèbres, Finsterniß.

880.

880. s'entretenir (de Q.) von etwas reden.
maintenant, nun, itzt, gleich.
maintenir, behaupten, handhaben.
ateindre, erreichen.
ateinte, f. Anfall, Anstoß.
885. s'atendre, (de Q.) etwas vermuthen.
protester, hochbetheuren.
la protestation, Betheurung.
détester, verabscheuen, eckeln.
détestable, abscheulich.
890. attester, bezeugen, versichern.
attestation, f. Zeugniß, Schein.
contester, streiten, streitig machen.
la contestation, Streit.
combâtre, schlagen, streiten.
895. le combat, Streit, Treffen.
le baton, der Stock.
la canne, Rohr, Spatzierstock.
la bataille, die Schlacht.
le bouton, Knopf, Knospe.
900. boutonner, zuknöpfen.
la boutonnière, Knopfloch.
l'aune, m. Elle, Erlenbaum.
la cérise, die Kirsche.
le cérisier, Kirschbaum.
905. le charbon, die Kohle.
le chardon, die Distel.

la couronne, die Krone, Kranz.
couronner, krönen, einfassen.
le coude, Ellenbogen, Winkel.
910. la coudée, Ellenbogen, Elle.
à côté, neben, auf der Seite.
de côté, abwärts, überzwerg.
côte à côte, neben einander.
accorder, stimmen, vergleichen.
915. épargner, sparen, zu Rathe halten, verschonen.
l'épaule, f. Schulter, Achsel.
reduire, so weit bringen, dahin bringen.
conduire, conduisant, conduit, begleiten, den Weg weisen.
la conduite, Führung, Aufführung.
920. l'écu, der Thaler.
le ducat, der Ducat.
le ducaton, Silber-Ducat, Species-Thaler.
le florin, der Gulden.
un dénier, ein Heller.
925. un liard, Pfenning von Kupfer.
un sol, sou, ein Stüber.
une livre, ein liver.
la livre, das Pfund.

une

une risdale, Reichsthaler.
930. un gros, ein Groschen.
soutenir, unterhalten, unterstützen.
le soûtien, Stütze, Hülfe.
contenir, halten, in sich halten.
la suite, Gefolge, Folge.
935. en suite, hernach, darauf.
suivant, nachfolgend.
la suivante, Magd, die hinter her geht.
par consequent, folglich.
la consequence, die Folge.
940. teindre, teignant, teint, färben.
le teint, Farbe, Gesichtsfarbe.
la teinture, Farbe, das Färben.
le teinturier, Färber.
peindre, mahlen, vorstellen.
945. le peintre, der Mahler.
la peinture, Gemählde, Vorstellung.
dépeindre, abmahlen, beschreiben.
le tableau, Gemählde, Vorstellung.
l'art, die Kunst.
950. superbe, hoffärtig.
assurance, f. Versicherung.
dissuader, abrathen, mißrathen.
la dissuasion, das Abrathen.
ostentation, f. Prahlerey.
955. le temple, der Tempel.

le tabac, der Toback.
tabac en poudre, Schnupftoback.
la tabatière, Tobacksdose.
troubler, trübe machen, verwirren.
960. le trouble, Unruhe, Unordnung.
traiter, tractiren, handeln, nennen.
le traité, Handel, Vergleich, Tractat.
le préxexte, Vorwand.
attraire, anziehen, reizen.
965. l'attrait, m. lockung, Reizung.
vénérer, verehren.
la vaine, Ader.
convenir, übereinkommen, eins werden.
convenable, zukommlich, geziemend.
970. disconvenir, nicht übereinkommen.
inconvénient, Unglück, üble Folge, Schwierigkeit.
convoyer, begleiten.
le convoy, Begleitung, Lebensmittel.
unir, vereinigen.
975. l'union, f. Einigkeit, Vereinigung.
l'unité, f. Einheit, einig Wesen.
un voyageur, Reisender.
faire voyage, reisen.
la vue, das Gesicht, Ansehen,

sehen, Einsicht, Absicht.
980. la bevüe, das Versehen.
l'avis, m. Nachricht, Meynung.
évident, offenbar, deutlich.
évidemment, offenbarlich.
invoquer, anrufen.
985. invocation, das Anrufen.
voler, fliegen, eilen.
volant, fliegend.
s'envoler, davon fliegen.
voler, rauben, stehlen, be-
stehlen.

990. le vol, Diebstal, Raub.
le voleur, Dieb, Spitzbube.
le larron, der Dieb.
la larronnesse, Diebin.
le larcin, Diebstal.
995. le loisir, Weile, Musse,
Zeit.
à loisir, nach Gelegenheit.
au long, weitläuftig, längst
hin.
de long, nach der Länge.
le long, am längsten.
1000. de plus, weiter, ferner.

Das dritte Tausend.

1. De plus en plus, je mehr
und mehr.
le plus, am meisten.
le beurre, die Butter,
Schmalz.
une beurrée, ein Butter-
brodt.
5. avantque, ehe als.
auparavant, zuvor.
incessamment, unverzüg-
lich.
le chasseur, der Jäger.
le chat, die Katze, Kater.
10. la chatte, die Katze.
chausser, Schuh und
Strümpfe anziehen.
déchausser, Schuh und
Strümpfe ausziehen.
la concorde, die Einigkeit.
la discorde, Uneinigkeit.

15. la corbeille, der Korb.
une corbeillée, ein Korb
voll.
coifer, den Kopf putzen.
décoifer, den Aufsatz ab-
thun.
la coife, (coëfe) Kopfputz,
Haube.
20. la canaille, das Lumpen-
gesind.
l'envie, der Neid, das Verlangen.
envieux, neidisch.
envier, beneiden, mißgön-
nen.
à l'envi, um die Wette.
25. envelopper, einwickeln.
développer, aufwickeln.
égal, gleich, eben.
également, gleich.
égaler,

égaler, gleich machen.
30. égalité, f. Gleichheit.
durer, dauren, währen.
la durée, Währung, Daurung.
dur, hart, grob.
durement, hart.
35. la dureté, Härtigkeit, Unbarmherzigkeit.
mol, mou, weich.
la molesse, Weichlichkeit, Wohllust.
traduire, übersetzen.
la traduction, Uebersetzung.
40. séduire, verleiten, verführen.
le séducteur, Verführer.
la séduction, Verführung.
la droiture, Aufrichtigkeit.
le drap, das Tuch, wollen Tuch.
45. drap d'or, gülden Stück.
le dos, der Rücken.
s'adosser, sich anlehnen.
le docteur, der Lehrer, Doctor.
docte, gelehrt.
50. dissiper, verjagen, zerstreuen.
la dent, der Zahn, Scharte.
dens machelières, Backzähne.
cruel, grausam.
cruellement, grausamlich.
55. la cruauté, die Grausamkeit.
procurer, schaffen, verschaffen.

un procureur, Procurator.
avocat, ein Advocat.
le dommage, Schaden, Nachtheil.
60. endommager, Schaden thun.
dédommager, Schaden ersetzen.
la cuillier oder cuillière, der Löffel.
une cuillierée, ein Löffel voll.
danser, tanzen.
65. la danse, der Tanz.
défendre, vertheidigen, verbieten.
la défense, Verthädigung, Verbot.
la figure, Figur, Bild, Gestalt.
la ferveur, Hitze, Eifer, Brünstigkeit.
70. fervent, hitzig, eifrig.
la farine, das Meel.
étain oder étaim, Zinn.
d'étain, zinnern.
mal-fait, Ungestalt, Uebelthat.
75. le forfait, Frevelthat, Missethat.
satisfait, zufrieden, vergnügt, gnüg gethan.
la feuille, das Blat.
le feuillet, Blat eines Buches.
l'étoile, f. der Stern.
80. étoilé, gestirnt.
essayer, versuchen, probiren.

E 4   l'essai,

l'essai, Versuch, Probe.
essuyer, abtrocknen, ausstehen.
essuie-main, Handtuch.
85 la figue, die Feige.
le figuier, Feigenbaum.
le gobelet, Becher, Kelch.
la flamme, die Flamme.
flamber, Flamme von sich geben.
90. réfuter, widerlegen.
le fruit, Frucht, Obst.
le genre, Geschlecht, Art.
le genou, das Knie.
s'agenouiller, niederknien.
95. le fourneau, Brennofen, Stubenofen.
le fourreau, Scheide, Futteral.
frequenter, oft umgehen, besuchen.
frequent, häufig, das oft geschieht.
frequemment, häufig, öfters.
100. afoiblir, schwächen.
chaque fois, jedesmahl.
confus, verwirrt, beschämt.
la confusion, Beschämung, Verwirrung.
la forme, Gestalt, Form, Leiste.
105. former, bilden, formiren.
se faire fort, sich getrauen.
la gorge, Kehle, Busen.
le gosier, Kehle, Schlund.
la fureur, Wuth, Raserey.
110. furieux, grimmig, wütend.

le réfuge, die Zuflucht.
se réfugier, fliehen.
fuir, fliehen. Sup. fui.
la fuite, die Flucht, Ausflucht.
115. imiter, nachahmen.
l'imitation, f. Nachahmung.
la joue, die Wange, Backe
irriter, reizen, erzürnen.
l'irritation, f. Erzürnung.
120. le front, die Stirne, Vordertheil.
le fou, der Narr.
fol, folle, närrisch.
la folie, die Narrheit.
l'objet, m. Vorwurf.
125. l'objection, f. der Einwurf.
insolent, frech, trotzig, grob.
insolemment, frech, trotziglich.
l'insolence, f. Muthwille, Frechheit.
enjoué, lustig, frölich, angenehm.
130. la goute, der Tropfen.
la goute, das Zipperlein, das Podagra.
fumer, rauchen, räuchern.
la fumée, Rauch, Zorn, Dampf.
fumer, düngen, misten.
135. le fumier, der Mist.
la fourchette, Tischgabel.
la fourche, Heugabel, Mistgabel.

la jambe, Bein, Schien-
beiu.
le jambon, der Schinke.
140. le héros, der Held.
la héroïne, die Heldin.
bien-heureux, selig, glücklich.
le froment, der Weizen.
frais, fraiche, frisch.
145. intime, innigst, geheim.
intimement, innigst.
intimer, vor Gericht fo-
dern.
le gouvernail, das Steuer-
ruder.
de grace, aus Gnaden,
Ey lieber!
150. graces à Dieu, Gottlob.
agréer, Gefallen haben,
vorlieb nehmen.
l'agrément, m. Annehm-
lichkeit.
desagréer, Mißfallen ha-
ben.
le desagrément, Eckel, Verdruß.
155. le foyer, Feuerheerd,
Brennpunct.
le futur, das Zukünftige.
futur, zukünftig.
glacer, zu Eis frieren, kaltsinnig machen.
friser, kräuseln, anstreichen, zierlich legen.
160. la frisure, die Kräuselung.
subit, plötzlich, schnell.
subir, ertragen, erdulden.
l'isle, f. die Insel.

gronder, schmählen, zan-
ken.
165. le grondeur, Zänker.
l'horloge, m. Schlaguhr.
horloger, Uhrmacher.
mal-honnête, unehrlich,
unhöflich.
à jamais, auf ewig.
170. jamais, jemals.
l'ivresse, f. Trunkenheit,
Rausch.
ivrogne, Säufer.
ivrognesse, Säuferin.
s'enivrer, sich vollsaufen.
175. gros, grosse, dick, fett,
groß.
la grosseur, Dicke, Grösse.
un gueux, Bettler.
une gueuse, Bettlerin.
gueuser, bettlen.
180. gueux, bettlerisch.
mendier, bettlen.
mendiant, bettelhaft. subst.
ein Bettler.
ménacer, drohen, bedrohen.
la ménace, Drohwort.
185. la mémoire, das Ge-
dächtniß, Andenken.
le mémoire, Gedenkzettul,
Memorial.
heurter, stossen, klopfen,
pochen.
exhaler, aushauchen, aus-
dünsten.
haleine, f. Athem, Hauch.
190. le loup, der Wolf.
la louve, die Wölfin.
élargir, erweitern.

E 5   élarg

élargissement, Erweiterung.
large, breit, weit, geräumlich.
195. largement, breit, weit.
la largeur, Breite, Geräumigkeit.
hôtel, vornehmes Haus, Pallast.
l'hotel de ville, Rathhaus.
la grêle, der Hagel, ein grosser Haufen.
200. il grêle, es hagelt.
l'ingratitude, Undankbarkeit.
la harangue, öffentliche Rede.
harangueur, Redner.
joignant, anstossend, neben bey.
205. illustre, durchlauchtig, berühmt.
luire, leuchten, schimmern.
la lueur, Glanz, Schein.
luisant, leuchtend, glänzend.
le jurement, Eidschwur.
210. le parjure, Meineid. adj. meineidig.
ajuster, richten, zurecht machen.
l'ajustement, m. Zurichtung.
jusqu'à quand, wie lange?
lier, binden, vereinigen.
215. la liaison, Band, Verbindung.
le lien, ein Band.
allier, verbinden.

alliance, Bund, Bündniß.
délier, aufbinden, lösen, (das Gebundene).
220. un rélieur, Buchbinder.
rélier, einbinden.
la réliûre, Band eines Buchs.
la tranche d'un livre, Schnitt eines Buchs.
brocher un livre, ein Buch heften.
225. broché, geheft.
le lait, die Milch.
petit lait, Molken.
le laitage, Milchspeise.
lait beurré, babeurre, Buttermilch.
230. la laine, die Wolle.
mâcher, kauen.
la mâchoire, Kinnbacken.
lâcher, losmachen, nachlassen.
le relâche, der Nachlaß.
235. sans relâche, in Einem Stück fort.
le miracle, Wunderwerk.
miraculeux, wunderthätig.
l'œuf, m. das Ey.
oval, eyförmig, oval.
240. quarré, viereckig.
le lin, Lein, Flachs, Leinwand.
le linge, leinen Zeug, Wäsche.
le laquais, Laquay, Diener.
le maçon (masson) Maurer.

245. maçonner, mauren, (metzen, hauen).
un frimaçon, Freymäurer.
latin, lateinisch. Subst. ein Lateiner.
les lunettes, die Brille.
proposer, vortragen, vorlegen.
250. la proposition, Satz, Vorschlag.
le propos, Vortrag, Entschluß.
opposer, dagegen setzen.
s'opposer, sich widersetzen.
imposer, auflegen, betrügen.
255. imposteur, Betrüger.
la plûpart, die meisten, der meiste Theil.
la piété, Frömmigkeit, Gottseligkeit.
pieux, gottselig.
la pitié, das Mitleiden.
260. pitoïable, mitleidig, erbärmlich.
impitoïable, grausam.
l'impatience, f. Ungeduld, Sehnen.
dispenser, erlassen.
la dispensation, Freylassung, Austheilung.
265. dépenser, verzehren, Geld verthun.
les dépens, die Unkosten.
la dépense, Geldausgabe, Speisekammer.
le piége, Strick, Schlinge.
l'empêchement, Verhinderung.

270. s'empêcher de faire Q. sich enthalten, etwas zu thun.
le *pigeon*, die Taube.
le pigeonneau, die junge Taube.
la *lieuë*, die Meile.
la majesté, Majestät, Ansehen.
275. majestueux, majestätisch.
laid, häßlich, garstig, ungestalt.
la laideur, Häßlichkeit, üble Gestalt.
la *ligne*, Strich, Zeile.
maigre, mager, schlecht.
280. maigrir, mager machen, mager werden.
liberer, befreyen, erledigen.
délivrer, befreyen, losmachen.
le *miel*, der Honig.
la *mouche*, die Fliege.
285. mouche à miel, Biene.
l'abeille, f. die Biene.
le meunier, der Müller.
le moulin, die Mühle.
moudre, mahlen.
290. omettre, auslassen, unterlassen.
ménager, haushalten, sparen.
le ménage, Haushaltung, Sparsamkeit.
le manége, die Reitschul.
monter à cheval, aller à cheval, reiten.
295.

295. *la mine*, Miene, Gesichts-
stellung.
faire mine, sich stellen.
le ministre, Diener,
Pfarrherr.
ministre d'état, Staatsmi-
nister.
prêcher, predigen.
300. *le prêche*, die Predigt.
expliquer, erklären, aus-
wickeln.
s'expliquer, seine Meynung
erklären.
explication, f. Erklärung,
Auslegung.
aplication, f. Fleiß, Auslegung.
305. inaplication, Unachtsam-
keit.
emploi, m. Anwendung,
Amt.
plier, falten.
le pli, die Falte.
déploïer, ausbreiten.
310. le patron, Patron, Muster, Modell.
pénétrer, durchdringen, ergründen.
le payen, der Heide, heid-
nisch.
l'origine, der Ursprung.
originel, erblich.
315. *les parens*, die Anver-
wandte, Eltern.
le parentage, Blutsfreund-
schaft.
outre, jenseits, über.
outrer, zwingen, übertrei-
ben.

outrage, m. Drangsal,
Schmach.
320. *pâle*, blaß.
pâlir, erblassen, bleich werden.
la pâleur, die Blässe.
nud, nuë, nackend, arm.
dénué, entblößt, beraubt.
325. *la nut, nuée*, Wolke,
Gewölk.
le nuage, Wolken, Ge-
wölk.
nubileux, wolkicht.
obscurcir, verdunkeln, Ab-
bruch thun.
s'obscurcir, dunkel werden.
330. la multitude, die Menge.
le nombre, die Zahl, Anzahl.
nombreux, zahlreich.
le Numero, die Nummer,
Zahl.
noble, edel, ansehnlich.
335. la noblesse, Adel, Vor-
treflichkeit.
lécher, lecken.
laper, lecken als ein Hund,
schlappen.
lent, langsam. adj.
lentement, langsam. adv.
340. la lenteur, Langsamkeit.
léger, leicht, hurtig, schlecht.
légèrement, leicht, leicht-
sinnig.
posément, sittsam, langsam.
poser, setzen, stellen.
345. raporter, wiederbringen,
erzehlen.

le raport, Erzehlung, Nachricht.
s'établir, sich häuslich niederlassen.
rétablir, wieder aufrichten.
se rétablir, wieder genesen.
350. le rétablissement, Wiederherstellung, Genesung.
sot, sotte, närrisch. subst. ein Narr.
la sottise, Narrheit, Unverstand.
soudain, plötzlich, schnell. adj.
soudainement, plötzlich. adv.
355. stupide, dumm, plump.
la stupidité, Dummheit, Unverstand.
la societé, Gesellschaft.
le sel, das Salz, Krack, Geschmack.
salace, salin, salant, salzicht.
360. saler, salzen.
du salé, gesalzen Fleisch.
la salière, das Salzfaß.
persévérer, verharren.
la persévérance, Beständigkeit, Verharrung.
365. la tenaille, Zange, Zangenwerk.
téméraire, verwegen.
la témerité, Verwegenheit.
executer, vollziehen, ausüben.
execution, f. Vollziehung.
370. consumer, verzehren, auszehren.

la consomtion, Verzehrung.
présumer, vermuthen, gedenken, argwohnen.
présomtif, muthmaßlich. adj.
présomtivement, muthmaßlich. adv.
375. la tache, Flecken, Mackel.
tousser, husten.
la toux, der Husten.
trahir, verrathen, betriegen.
la trahison, Verrätherey.
380. le traitre, Verräther.
la venuë, die Ankunft.
l'avenuë, Weg, Eingang, Paß.
variable, veränderlich.
invariable, unveränderlich.
385. la variation, Veränderung.
varier, verändern, veränderlich seyn.
la lèvre, die Lippe.
la manche, der Ermel.
le manche, Heft, Handhabe, Stiel.
390. le manchon, die Muffe.
les manchettes, Manschetten.
la magnificence, Pracht, Herrlichkeit.
louër, vermiethen.
le louage, Miethzins.
395. en prémier lieu, erstlich.
le mont, der Berg.
la montagne, Berg, Gebürge.

la

la mode, Weife, Art, Sitten.

à la mode, nach der Mode.

400. moderne, itzig, heutig.

à la moderne, nach der itzigen Mode.

noter, anmerken, notiren.

la note, Zeichen, Anmerkung.

notable, merkwürdig.

405. innocent, unschuldig, einfältig.

innocemment, unschuldiger Weife.

l'innocence, f. Unschuld, Redlichkeit.

l'odeur, f. Geruch, das Riechen.

410. renouveller, erneuren.

naturel, natürlich, aufrichtig, angebohren.

l'aîné, der Erſtgebohrne, Aelteſte.

le cadet, der jüngſte. la cadette.

mal de dent, Zahnweh.

415. mal de tête, Kopfweh.

mal de ventre, Leibweh.

mêler, miſchen, vermengen.

mélanger, miſchen.

le mélange, Vermiſchung.

420. démêler, auseinander wickeln.

le démêlé, Gezänk, Händel.

demontrer, beweiſen, darthun.

la démonſtration, Beweiß.

odieux, verhaßt. - euse.

425. odieuſement, verhaſt. adv.

la naiſſance, Geburt, Geſchlecht.

la nation, Volk, Leute, Heiden.

murmurer, murren, brummen.

le marteau, Hammer.

430. nouër, knüpfen, Knoten machen.

dénouër, Knoten aufmachen.

le nœud, Knote, Knopf, Verbindung, was undeutlich iſt.

le laiton, Meſſing.

mugir, brüllen wie ein Ochſe.

435. le mugiſſement, das Blöcken.

émouvoir, erregen, bewegen.

émotion, f. Bewegung, Aufruhr.

mordre, beiſſen, ſtechen, tadeln.

le morceau, Biſſen, Stück.

440. *le lard*, der Speck.

larder, ſpicken, durchbohren.

entrelardé, geſpickt, durchgemengt.

le menton, das Kinn.

le métal. pl. les métaux, Metall, Erz.

445. *l'oiseau*, m. Vogel.

oiſelet, oiſillon, Vögelein.

oiſeleur, m. Vogelſteller.

le négoce, Geſchäft, Handel.

négo-

négocier, handeln.
450. la négociation, Unterhandlung.
marchander, handeln, lange anstehen.
le mercier, der Krämer.
la mercerie, Krämerwaare.
la migraine, Hauptweh.
455. *paitre*, weiden. (verb. déf.)
mener paitre, auf die Weide treiben.
se paitre, sich weiden, sich einbilden.
orage, m. Wetter, Unruhe.
orageux, stürmisch, ungestüm.
460. *l'os*, m. Bein, Knochen.
parer, zieren, bereiten, vermeiden.
se parer, sich schmücken.
la parure, Zierrath, Schmuck.
le renard, der Fuchs.
465. *ravir*, rauben.
être ravi (de Q.) sehr erfreut seyn (über etwas).
rare, rar, selten, vortreflich.
la rareté, Seltenheit, Mangel.
la rosée, der Thau.
470. arroser, bethauen, besprengen.
arrosoir, m. Sprengkrug, Gießkanne.
la sale, Saal, groß Zimmer.
la salette, kleiner Saal.

la salade, der Sallat.
475. le saladier, Sallatkorb, Sallatschüssel.
renverser, umstürzen, umstoßen.
adverse, zuwider.
aversion, f. Ekel, Widerwille.
la revolte, Aufruhr.
480. se revolter, sich empören.
dévorer, fressen, verschlingen.
universel, allgemein.
universellement, allgemein.
l'univers, m. die ganze Welt.
485. l'université, f. die hohe Schule.
tuër, tödten, quälen.
se tuër, sich selbst umbringen, sich sehr bemühen.
contrister, betrüben.
attrister, traurig machen, betrüben.
490. s'attrister, traurig werden.
la conviction, Ueberzeugung.
le ventre, der Bauch.
traire, melken, ziehen.
la tempête, Sturm, Ungewitter.
495. le détail, Stück, Theil, Umstand.
en détail, im Kleinen, Stückweise.
prouver, beweisen, probiren.
probable, wahrscheinlich.
vrai-

vrai-semblable, wahrschein=
lich.
500. la vrai-semblance, die
Wahrscheinlichkeit.
la preuve, Beweis, Probe.
éprouver, prüfen, probiren.
l'épreuve, f. Probe, Be-
weis.
aprouver, gut heissen, billigen.
505. l'aprobation, f. Gutheiß-
sung.
desaprouver, mißbilligen.
imprimer, drücken, einprägen.
l'impression, f. Eindruck,
Druck.
reprimer, zurückhalten.
510. supprimer, unterdrücken,
verschweigen.
presser, pressen, drängen.
se presser, eilen.
la presse, Gedränge, Presse.
fendre, spalten, hauen.
515. la fente, Ritze, Spalte,
Schlitz.
se méprendre, irren, was
versehen.
la méprise, Fehler, Versehen.
réprimander, schelten, ausmachen.
la réprimande, Scheltung,
Verweiß.
520. le principe, Grundsatz,
Anfang.
la probité, die Frömmig-
keit.

profaner, entheiligen.
puéril, kindisch, läppisch.
la répugnance, Eckel, Ab-
scheu.
525. répugner, widerstreben,
eckeln.
propre, eigen.
improprement, uneigent-
lich.
le propre, die Eigenschaft.
la proprieté, Eigenschaft,
Eigenthum.
530. *propre*, rein, nett.
mal-propre, unsauber.
la propreté, Sauberkeit.
la racine, die Wurzel,
Stammwort.
enraciner, einwurzeln.
535. le privilége, Freyheit,
Freybrief.
manifester, offenbaren.
manifeste, offenbar.
méditer, erwegen, nach-
sinnen.
la méditation, Betrachtung.
540. *la moisson*, die Erndte.
moissonner, erndten, ver-
zehren.
le moissonneur, der Schnit-
ter.
la licence, die Freyheit,
Erlaubniß.
licite, erlaubt.
545. illicite, unerlaubt.
la merveille, das Wunder.
merveilleux, wunderbar.
à merveille, unvergleichlich.
muet, stumm.
550.

550. le mur, la muraille, die Mauer.
nager, schwimmen, rudern.
le navire, das Schiff.
naviger, naviguer, schiffen.
la navigation, Schiffahrt.
555. le naufrage, Schiffbruch, Verderben.
la voile, der Segel.
le voile. Schleyer, Vorhang, Vorwand.
orner, zieren, schmücken.
l'ornement, m. Zierde, Schmuck.
560. la paille, Stroh, Splitter, Unreinigkeit.
pareil, gleich. adj.
pareillement, gleich. adv.
nompareil, nonpareil, das seines gleichen nicht hat.
separer, absondern, trennen.
565. separément, besonders.
le panier, Korb, Reifrock.
s'emparer (de Q.) etwas wegnehmen, sich einer Sache bemeistern.
pernicieux, schädlich.
la perruque, die Perücke.
570. l'appetit, m. Appetit, Lust zu essen.
répéter, wiederholen.
la répétition, die Wiederholung.
le poing, Faust, Hand.
la poignée, Handvoll.
575. le point, Stich, Punct.
la pointe, Spitze eines Degens.

la mesure, Maaß, Art.
mesurer, messen, schätzen, prüfen.
la méthode, Methode, Art, Weise.
580. méthodique, ordentlich, methodisch.
le modèle, Muster, Vorbild.
l'office, m. Amt, Dienst, Pflicht.
l'officier, Beamter, Officier.
inopiné, unvermuthet.
585. inopinément, plötzlich.
oportun, bequem.
importun, beschwerlich.
l'importunité, f. Beschwerlichkeit.
l'ombre, m. Schatten.
590. l'ombrage, m. Schatten, Verdacht.
ombrageux, schatticht, scheu, argwöhnisch.
le paquet, das Packet.
empaqueter, einpacken.
dépaqueter, auspacken.
595. emballer, einpacken.
emballage, m. das Einpacken.
piler, stossen, viel essen.
piller, plündern.
le pillage, Plünderung, Rauben.
600. la poussière, Staub.
le pouce, Daum, Daumbreit.
le poumon, die Lunge.

D   pré-

précipiter, stürzen, übereilen.
la précipitation, die Stürzung, Uebereilung.
605. precipitamment, eilig, unbedachtsam.
le *dispute*, der Streit.
disputer, disputiren.
prudent, klug.
prudemment, klüglich.
610. imprudent, unvorsichtig.
la *roüe*, das Rad.
rouler, rollen, fahren, welzen.
rotir, rösten, braten.
le rôti, le rôt, der Braten.
615. risquer, wagen, in Gefahr setzen.
le *risque*, die Gefahr.
le *sexe*, das Geschlecht.
le beau sexe, Frauenvolk.
sévére, streng, scharf.
620. la sévérité, Strenge, Härtigkeit.
simple, einfältig, aufrichtig, ungekünstelt.
la simplicité, Einfalt, Aufrichtigkeit.
le *singe*, der Affe.
la serviette, Serviette, Tellertuch.
625. le dessert, Nachtisch, Confect.
desservir, die Speisen abtragen.
affecter, sich anmassen, an sich nehmen.

affecté, angenommen, gezwungen.
absurde, ungereimt.
630. absurdité, Ungereimtheit.
user, brauchen, abnutzen.
l'*usage*, m. Gebrauch, Gewohnheit.
la *coutume*, die Gewohnheit, Brauch.
avoir coutume, pflegen, gewohnt seyn.
635. s'accoutumer (à Q.) gewohnen.
se desaccoutumer (de Q.) sich abgewöhnen.
meur, mûr, reif, zeitig.
mûrir, zeitigen, reif werden.
la rémission, Nachlassung, Vergebung.
640. la maison de ville, Rathhaus.
le *métier*, Handwerk.
un gare-métier, Stümper, Pfuscher.
la notice, Nachricht, Erkentniß.
la notion, Begriff.
645. l'*oie*, f. die Gans.
l'oison, m. junge Gans, einfältiger Tropf.
les mets, Aufsatz von Speisen.
le *passereau*, Sperling, Spatz.
le *papillon*, Sommervogel, Schmetterling.
650. dorer, vergülden.
orfévre, m. Goldschmidt.

le

le messager, Bote, Brief-
träger.
le message, Post, Botschaft.
l'admission, f. Zulassung.
655. vuider, évuider, auslee-
ren.
le vulgaire, das gemeine
Volk.
vulgaire, gemein.
abandonner, verlassen, dahin geben, nicht achten.
usité, gebräuchlich.
660. inusité, ungebräuchlich.
l'usure, f. Wucher, Ab-
nutzung.
usurier, Wucherer.
le convive, der Gast.
entrevoir, erblicken.
665. s'entrevoir, zusammen
kommen.
révéler, aufdecken, offenbaren.
la révélation, Offenbarung.
la voiture, das Fuhrwerk.
le voiturier, Fuhrmann,
Schiffer.
670. la conversion, Bekeh-
rung.
convertir, bekehren.
violent, gewaltsam.
violemment, gewaltsam-
lich.
la violence, Gewalt, Ge-
waltthätigkeit.
675. véhément, heftig.
la véhémence, Heftigkeit,
Gewalt.

troquer, tauschen, aus-
wechseln.
le troc, der Tausch.
la tromperie, Betrug.
680. avaler, einschlucken.
la venaison, Wildprett,
Wild.
le veneur, der Jäger.
le troupeau, Heerde, Ge-
meine.
la troupe, Haufen Volks.
685. les troupes, Kriegsvolk,
Truppen.
détourner, abwenden, ab-
lenken.
le détour, Umweg, Irr-
weg.
tordre, drehen, winden.
tortu, krumm, verkehrt.
690. prétendre, begehren,
gedenken.
prétendu, vermeint, so ge-
nant.
la continence, Enthaltung,
Keuschheit.
la contenance, Haltung,
Fassung.
la sureté, die Sicherheit.
695. la sécurité, sicheres Ver-
trauen.
le talent, Talent, Pfund,
Gabe.
tarir, dörren, austrocknen.
protéger, bedecken, beschützen.
la protection, Schutz, Be-
schirmung.
700. le protecteur, Beschützer.

le toit, das Dach.
ténuë, dünne.
atténuer, verdünnen.
déterminer, bestimmen, entscheiden.
705. se déterminer, sich entschliessen.
se terminer, sich endigen.
le terme, Ziel, gesetzte Zeit, Wort.
la persécution, Verfolgung.
persécuter, unrecht verfolgen.
710. sublime, hoch, erhaben.
la sublimité, Hoheit, Erhabenheit.
subtil, fein, scharfsinnig.
la subtilité, Scharfsinnigkeit.
le tablier, Schürze, Schurzfell.
715. sonder, prüfen, forschen.
le ressort, Feder, Triebfeder, verborgener Trieb.
le souffre, der Schwefel.
la source, die Quelle.
la resource, Hülfe, Zuflucht.
720. exister, daseyn.
la substance, das Wesen.
prostituer, schimpfen, schänden.
la prostitution, Schändung.
destiner, verordnen, bestimmen.

725. le destin, Schicksal, Verordnung.
contraindre, zwingen.
la contrainte, der Zwang.
la détresse, Angst und Noth.
étroit, schmal, enge.
730. étrecir, rétrecir, enger machen.
detruire, einreissen, verstören.
la destruction, Zerstörung.
solide, dicht, fest.
la solidité, Festigkeit, Grund.
735. sobre, nüchtern, mässig.
la sobrieté, Mäßigkeit, Bescheidenheit.
insinuer, beybringen.
s'insinuer, sich einschleichen, einschmeicheln.
insinuant, sanft einschleichend.
740. l'insinuation, Einschleichung.
le sein, Schooß, Busen, Meerbusen.
dissimuler, verstellen.
la dissimulation, Verstellung.
la bienséance, der Wohlstand.
745. bienséant, anständig.
malséant, unanständig.
l'assiette, f. Teller.
assiettée, f. Teller voll.
résider, wohnhaft seyn, residiren.

750.

750. la résidence, Wohnsitz, Residenz.
serein, hell, freundlich.
la sérénité, Klarheit, Heiterkeit.
la rhûme, der Schnupfen.
être enrhûmé, den Schnupfen haben.
755. rincer, (rinser) ausspülen.
le ruisseau, Bächlein, kleiner Fluß.
ruisseler, fliessen, rinnen.
la rave, die Rübe, Rettig.
ravager, verheeren, verderben.
760. le ravage, Schaden, Verheerung.
le rideau, der Fürhang.
la prospérité, Glück, Wohlergehen.
puiser, schöpfen, Wasser schöpfen.
le puits, Schöpfbrunnen.
765. l'expression, Ausdruck, Aussprache.
l'aprehension, f. Furcht, Angst.
la poire, Birne.
le poirier, Birnbaum.
le poids, Gewicht, Schwere.
770. péser, wägen, drücken, betrachten.
le pois, die Erbse.
la poix, das Pech.
poli, artig. impoli.
la politesse, Zierlichkeit, Höflichkeit.

775. la politique, Staatsklugheit.
la paume, flache Hand, Ball.
l'onde, f. Wasserwelle, Wasser.
la nape, das Tischtuch.
le nid, das Nest.
780. la nichée, Nestvoll.
nicher, nisten, Nest machen.
la connexion, Zusammenfügung, Verbindung.
nier, läugnen.
l'abnégation, f. Verleugnung sein selbst.
785. les meubles, Mobilien, Hausrath.
meubler, ameubler, mit Hausrath versehen.
le mille, die Meile.
abominable, abscheulich.
l'abime, der Abgrund.
790. abimer, in Abgrund stürzen.
la volupté, Ergötzlichkeit, Wohllust.
voluptueux, wohllüstig.
prévoyant, vorsichtig, sorgfältig.
la vigne, der Weinberg.
795. la vendange, die Weinlese.
le vigneron, Weingärtner.
violer, verletzen, Gewalt anthun.
traverser, überzwerch gehen, verhindern.

D 3 le

battre, schlagen, beschies-
sen.
abattre, niederschlagen.
855. apui, m. Stütze, Lehne,
Hülfe.
apuyer, stützen.
s'apuyer, sich lehnen.
l'ange, der Engel.
plaider, rechten, Proceß
führen.
860. plaisanter, Kurzweil
treiben.
plaisant, angenehm.
la saveur, der Geschmack.
savoureux, schmackhaftig.
la correspondance, Brief-
wechsel.
865. la soïe, Seyde, Borste.
de soïe, seiden.
le plat, die Schüssel.
plat, flach, platt.
le poëme, das Gedicht.
870. le poëte, der Versema-
cher, Poet.
destituer, entsetzen, entblös-
sen.
consterner, betrübt machen.
la consternation, Bestür-
zung.
stérile, unfruchtbar.
875. s'obstiner, sich widersetzen.
obstiné, hartnäckig, halsstarrig.
souple, beugsam, geschmei-
dig.
la souplesse, Beugsamkeit.
sourd, taub.
880. la surdité, Taubheit.

le poil, Haar.
pelu, haaricht.
le pêcheur, der Fischer.
le poivre, Pfeffer.
885. la poitrine, Brust.
le pont, Brücke.
la vase, Gefäß.
la vaisselle, Tafel- Küchen-
Geschirr.
vaste, weit, groß, wüste.
890. la toile, Leinewand.
tisser, weben, würken.
tissu, gewebt.
entêtement, m. Eigensinn,
vorgefaßte Meynung.
retentir, wiederhallen, er-
schallen.
895. le retentissement, Wie-
derhall.
le poudrier, Streubüchse.
opprimer, oppresser, un-
terdrücken.
la prune, die Pflaume.
la ruse, Tücke, List.
900. rusé, listig, verschlagen.
la besace, Quersack, Bet-
telsack.
le sac, Sack, Plünderung.
la sauce, Brühe, Stippe,
Tunke.
la saucisse, Bratwurst.
905. le tourment, Quaal,
Pein.
tourmenter, peinigen, martern.
torcher, wischen, abwischen.
le torchon, Wischlappen.
tolerer, dulden, nachsehen.

910. tolérable, leidlich.
intolérable, unleidlich.
la tolerance, Geduld, Nachsehen.
aigu, spitzig, durchdringend.
aboyer, bellen.
915. usurper, mit Gewalt gebrauchen.
s'abuser, sich irren.
le sentier, Fußpfad.
la sentinelle, Schildwache.
présider, obenan sitzen, vorstehen.
920. le serment, der Eid.
le serpent, die Schlange.
agir, handeln, wirken, thun.
s'agir, anbetreffen.
l'aide, die Hülfe.
925. aider, helfen.
serrer, verschliessen, pressen.
enserrer, einschliessen.
la serrure, Thürschloß.
solitaire, einsam.
930. solitude, Einsamkeit, Wüsteney.
désoler, verwüsten.
la désolation, Verwüstung.
signer, zeichnen, unterschreiben.
se signaler, sich hervorthun.
935. signifier, anzeigen, bedeuten.
les vergettes, Kehrbürste.
vergetter, abkehren, ausputzen.
le verrou, der Riegel.

verrouiller, zuriegeln.
940. déverrouiller, aufriegeln.
adversaire, Gegner, Widersacher.
la vapeur, Dampf, Dunst.
évaporer, ausdunsten.
la tourbe, Torf.
945. le ton, Ton, Stimme.
entonner, anstimmen.
la tonne, Tonne, Faß.
le tonneau, groß Faß.
entonnoir, Trichter.
950. entonner, in die Tonne giessen.
tondre, scheeren, tadeln, schinden.
tondre, stossen.
la contusion, Zerstossung.
aiguiser, spitzen, wetzen.
955. bouillir, sieden, kochen.
le traineau, der Schlitten.
trancher, schneiden, abschneiden.
la tranche, Schnitt.
souiller, besudeln.
960. se souiller, sich beflecken.
spécieux, scheinbar.
special, sonderbar.
restituer, wieder zustellen.
la restitution, das Wiedergeben.
965. le sucre, der Zucker.
sucrin, zuckersüß.
suer, schwitzen.
la sueur, Schweiß, Arbeit.
la suée, Schweiß, Angst, Furcht.

970.

970. la tasse, Trinkschaale, Theetasse.
la tasse, Tasse voll.
le stile, Schreibart, Zeiger an einer Uhr.
le témoin, der Zeuge.
tremper, netzen, eintunken.
975. la trempe, Fähigkeit.
le trésor, Schatz.
trafiquer, handeln, handthieren.
le trafic, Handel, Gewerb.
le torrent, Fluth, Regenbach.
980. conversable, umgänglich.
la vicissitude, Abwechselung.
l'aigle, der Adler.
l'aile, der Flügel.
considérer, betrachten, überlegen.

985. considérable, ansehnlich, wichtig.
distinguer, unterscheiden.
éblouir, verblenden.
éblouissement, Verblendung.
déviner, rathen, weissagen.
990. le dévin, Wahrsager.
dévider, abwinden, abhaspeln.
dévidoir, m. Haspel.
le désert, wüste. adj. wüst.
afliger, Betrübniß machen.
995. l'afliction, f. Betrübniß, Bekümmerniß.
s'afliger (de Q.) sich betrüben.
le berger, Schäfer.
le berceau, die Wiege.
balancer, wägen, zweifeln.
1000. le but, Ziel, Zweck.

Anderer Theil,

Pur französischer und fremder Wörter, meistentheils primitiva.

a.

Abois, m. Todeskampf, äusserste Noth.
abri, m. vor Ungewitter gesicherter Ort, Schirm, Schuß.
  mettre à l'abri, decken, schützen.
  être à l'abri de Q. sicher seyn für.
acier, m. Stahl.
agrafe, f. Haacke, Heft.
  agrafer, mit Haacken zuheften.
  dégrafer, aufhaacken
aieul, oder ayeul, Ahnherr, Großvater.
  ayeule, f. Großmutter.
aiguille, éguille, f. Nadel.
  aiguillon, m. Stachel, Antrieb.
l'air, m. Luft, Aria, Art, Leibesstellung.
aire, f. Tenne, Plan, Nest eines Raubvogels.
ais, m. Bret, Diele.
alambic, m. Distillierkolbe.
alcove, f. oder m. Alcove, Schlafstelle in einem Zimmer.
aliéner, veräussern, abwendig machen.
allécher, locken, reizen.

Allemagne, f. Teutschland.
allemand, teutsch. subst. Teutscher.
alouette, f. Lerche.
amende, f. Strafe, Geldstrafe.
  amende honorable, Kirchenbuße.
  amender, bessern, büngen.
andouille, f. Fleischwurst.
Angleterre, f. England.
  anglois, englisch. it. Engelländer.
apanage, m. Antheil, Leibgeding.
  apanagé, abgetheilter Herr.
arc, m. Bogen.
  arc de triomphe, Ehrenpforte.
  arc-en-ciel, m. Regenbogen.
ardillon, m. Dorn einer Schnalle.
arête, f. Fischgräte.
arpent, m. ein Morgen Landes.
  arpenter, das Feldmessen.
arrerager, die Steuer nicht abtragen.
  les arrerages, rückständige Zinsen.
arres, erres, Handgeld, Pfand.
arsenal, m. Zeughaus.
          assassin,

aſſaſſin, Meuchelmörder.
  aſſaſſiner, ermorden.
  aſſaſſinat, m. Meuchelmord.
atteler, anſpannen.
  detêler, abſpannen.
  rateler, wieder anſpannen.
avarie, f. Schiffzoll, Schiffunkoſten.
aubain, m. Ausländiſcher, der ſich im Lande niedergelaſſen.
auberge, f. Herberge.
aveindre, herfürziehen, herauslangen.
auge, m. Trog. it. Waſſerrinne.
  auget, m. ein Tröglein.
aumône, f. Allmoſen.
  aumônier, m. Allmoſenpfleger.
avorter, mißgebähren.
  avorton, Mißgeburt.
autel, m. Altar.
azur, himmelblaue Farbe,
  azurer, blau färben.

b

baailler, bâiller, gähnen, verdrüßlich ſeyn.
  entrebailler, von einander ſtehen (wie eine Thür).
babiche, m. Schooßhund.
babil, Geſchwäz, Geſchwäzhaftigkeit.
  babiller, plaudern, ausſchwazen.
  babillard, m. Plauderer.
babine, f. Lippen an Thieren.

babiole, f. Kinderſpiel.
bacler, verriegeln, ſperren.
badaut, m. Maulaffe, Tölpel.
  badauder, ſich vergaffen.
badin, m. Poſſenreiſſer.
  badinage, Kurzweil, Läppereyen.
  badinerie, f. läppiſche Poſſen.
bagage, m. Reiſezeug.
  plier bagage, einpacken.
  bagatelle, f. Lumpenwerk, Kleinigkeiten.
bague, f. der Ring.
baguette, m. Steckchen.
baie, f. Meerbuſen, Liſt, Betrug.
bail, m. pl. baux, Vermiethung.
  bailler à ferme, verpachten.
bailli, baillif, Amtmann.
bal, m. Tanz, Ball, Tanzgeſellſchaft.
balafre, f. Schramme, Wunde.
balai, m. Beſem, Kehrbeſem.
  balayer, fehren, ausfegen.
balcon, m. Erker am Gebäu.
bande, f. Band, Rotte, Fahne.
  faire bande à part, ſich abſondern.
  bandi, m. Straſſenräuber.
  ſe bander, ſich zuſammenrotten.
  baragouin, m. unteutſch, rothwelſch.
barguigner, lange handeln, anſtehen.

bario-

barioler, bunt färben.
barque, f. Schifflein, Lastschiff.
 embarquer, ins Schiff laden.
 s'embarquer, ins Schiff steigen.
 débarquer, ein Schiff ausladen.
 débarquement, Ausladen.
barre, f. Sparre, Riegel, Stange.
 barrer, sperren.
 barrière, f. Schlagbaum, Grenze.
bassin, m. Becken.
 bassiner le lit, das Bett wärmen.
 bassinoir, f. Bettwärmer.
bat, m. Saumsattel.
bateau, m. ein Schiff.
 batelier, Schiffer.
bateleur, Taschenspieler, Pickelhäring.
 batelage, m. Gauckeley.
bave, f. Geiffer, Schlamm.
 baver, geiffern.
 bavard, Plauderer.
baume, Balsam, Balsambaum.
 embaumer, einbalsamiren.
bec, m. Schnabel, Mund.
 coup de bec, Sticheltreden.
 bêche, f. Schauffel, Grabscheid.
 bêcher, graben, hacken.
begue, m. et f. Stammler, rin.

bégaier, stammeln, stottern.
 bégaiement, m. das Stammeln.
bêler, blöcken (wie ein Schaf).
bequille, f. Krücke, Stecken.
 bequillard, der an der Krücke geht.
berne, f. Prelle, ausgespannt Tuch.
 berner, prellen, spöttisch tractiren.
besogne, f. zu machende Arbeit.
 besoigner, die Arbeit thun
biais, m. die Queere, unrichtiges Mittel.
 biaiser, unrichtig handeln.
bigarrer, bunt machen.
bigle, c. schielend, scheel.
 bigler, schielen.
bigne, f. eine Beule.
 bignet, m. ein Küchlein, Gebackenes.
bigot, Heuchler. it. heuchlerisch.
 bigotterie, f. Heucheley, Aberglaube.
bijou, m. Kleinod. pl. biyoux.
billet, m. kleiner Brief, Zettel.
bis, schwarz, braun.
 pain bis, m. Hausbrod.
bizarre, bunt, seltsam, wunderlich.
blafard, blaß, bleich.
blason, m. Wappenkunst.
blé, *bled*, m. Getreide, Kornfrüchte.
blesser, verwunden.

bles-

blessure, f. Wunde, Beule.
blond, weißgelb, blond.
bobine, f. Spule (zum Garn).
boïau, boyau, Gedärme, Eingeweide, schmaler, langer Graben.
boiter, hinken.
boiteux, hinkend.
bond, m. Wiedersprung, Wiederprellen.
  bondir, in die Höhe springen.
bordel, m. Hurenhaus.
borgne, einäugig. subst.
borne, f. Markstein, Grenze.
  borner, einschränken.
bosse, f. Buckel, Beule.
  bossu, bucklicht. it. subst.
botte, Büschel, Stoß, Stich.
  botteler, in Büschel binden.
botte, f. Stiefel.
  se botter, Stiefel anziehen.
  se débotter.
boucle, f. Schnalle, Ring, locke.
boucon, m. vergister Bissen.
bouë, f. Koth, Dreck.
bouffer, trotzen, aufblasen.
  bouffi d'orgueil, aufgeblasen.
bouffon, m. Schalksnarr, Hofnarr.
bouger, (mit ne) nicht von der Stelle gehen.
bougie, f. Wachsstock.
boule, f. Kugel, Kugelfuß.
bouquet, m. Blumenstrauß.
bourbe, f. Schlamm, Morast.

bourbier, Schlammgrube, Pfuhl.
bourbeux, schlammicht.
bourg, Marktflecken.
  faux-bourg, m. die Vorstadt.
  bourgeois, m. Bürger.
bourreau, m. Scharfrichter, Henker.
  bourreler, Rippenstösse geben, henkermäßig tractiren, quälen.
bourse, f. Beutel.
  embourser, in den Beutel schieben.
  rembourser, erstatten.
bout, m. das Aeusserste eines Dinges.
  le haut bout, die Oberstelle.
  aboutir, Ende erreichen, angrenzen.
  débout, stehend, aufgerichtet.
braise, glühende Kohlen.
braire, schreyen wie ein Esel.
branche, f. Ast, Zweig.
branle, Bewegung, Erschütterung.
  branler, wanken, schütteln.
  ébranler, erschüttern.
brasser, Bier brauen, Metalle mischen, etwas heimlich vorhaben.
brebis, f. ein Schaf.
bredouiller, Worte geschwind herausstoßen.
  bredouillement, allzugeschwindes Reden.

bride,

bride, f. ein Zaum.
  brider, zäumen, einschrenken, binden.
brigand, Strassenräuber.
  brigue, f. listiges Streben nach etwas.
  briller, schimmern, funkeln.
  brin, klein Stücklein von etwas, Holz, Gras, Stroh ꝛc.
    brin de sel, Salzkörnlein.
  broche, Bratspieß, Zapfen am Faß, Stricknadel.
  broncher, stolpern.
  brouiller, zerrütten.
    se brouiller, sich verwirren, zanken.
  brouter, Gras oder Laub fressen.
  brusque, schnell, unbesonnen, trotzig.
bufet, m. Credenztisch, Silberschrank, grosses Trinkgeschirr.
  bureau, m. Schreibetisch, Gericht, Amtsstube, Zolleinnehmer-Cammer.
burlesque, kurzweilig, lächerlich.
butin, m. Beute, Raub.

c.

cabrer, sich aufbäumen, böse werden.
cage, Käfich, Gefängniß.
cahier, (cayer) lage Papier, Heft.

cahot, Stoß, Schütteln eines Wagens.
cahotter, schlagen, schütteln.
caille, f. Wachtel.
cailler, gerinnen.
caillou, Kieselstein.
cajoler, scherzen, liebkosen, schmeicheln, betrügen.
caisse, f. Casse, Kiste, Trommel.
  encaisser, in die Kiste thun.
calandre, f. Zeugrolle, Kornwurm.
  calandrer, rollen (das Tuch).
calcul, m. Rechnung, Summa.
  calculer, zusammenrechnen.
calme, m. Meerstille, Ruhe.
calmer, stillen, still werden.
camard, camus, subst. et adj. stumpfnasig.
canceler, durchstreichen, austhun.
caquet, m. Hünergeschrey, Geplauder.
  caqueter, plaudern, schwätzen.
carafe, f. Weinflasche.
carat, m. ein Goldgewicht.
carême, m. die Fasten.
carte, f. Karte, Papier.
  cartel, m. Ausforderungsbrief.
case, f. Hütte, Bauerhäusgen.
casque, m. Helm, Sturmhaube.

cara-

cataplâme, Ueberschlag, Pflaster.
celadon, Meergrün.
célibat, m. der ledige Stand.
cellule, f. Zelle.
cep, m. Stock eines Weinstocks, item Stock oder Block, darin die Füsse der Gefangenen gelegt werden.
cercueil, m. Todtenlade, Sarg.
cerveau, m. Gehirn.
écervelé, ohne Gehirn, toll.
chaine, f. Kette.
enchainer, verketten, in Ketten bringen.
chair, f. Fleisch.
carnage, Zerfleischung, Blutbad.
carnacier, fleischfressig.
charogne, f. Aas.
incarnat, Fleischfarbe.
acharné (à Q.) auf etwas erpicht.
chaland, m. gewöhnlicher Käufer, Kunde.
chamade, Zeichen zur Uebergabe.
se chamailler, sich herumschmeissen.
chamarer, verbrämen, bordiren.
chanceler, wanken, taumeln.
chapeler, (du pain, Brodt) schaben, die Rinde beschneiden.
chapelure, f. Schabsel.

charlatan, Marktschreyer, Prahler, Betrüger, Heuchler.
charlatanerie, f. Schmeichelen, Aufschneiderey.
chataigne, f. Castanie.
châtier, züchtigen.
châtiment, Bestrafung, Züchtigung.
chaume, m. Stoppeln, Halm.
chaumiere, f. Strohhütte.
les chausses, Hosen, Fußkleidung.
chenille, f. Raupe.
chétif, gering, schlecht.
chévre, f. Ziege.
chicane, f. List, Verschlagenheit.
chicaner, Ränke machen, Händel suchen.
chiche, karg, filzig.
chifre, m. Ziffer, Zahl, verzogener Name.
chifrer, rechnen.
choc, m. Stoß, Anfall.
choquer, stossen, beleidigen.
chopper, anstossen.
achoppement, m. Anstoß.
chou, Kohl, Kraut.
chucheter, (zischen) leise reden.
chut, adv. still! schweig.
cigne, m. Schwan.
cicogne, f. Storch.
cime, f. Spitze, Gipfel.
cire, f. Wachs.
cirer, wichsen.
claque, f. Klatsche, Laut.

cla-

claquer, klatſchen.
clerc, Geiſtlicher, Abſchreiber.
clocher, hinken.
clorre, verſchlieſſen.
clos, cloſe, geſchloſſen.
cloître, m. Kloſter.
éclorre, herfürbrechen, ausheckten.
clou, m. Nagel, Blutgeſchwär.
clouer, nageln, annageln.
coaſſer, quacken.
coche, m. Kutſche, Landkutſche.
cocher, m. Kutſcher.
cochon, m. Schwein.
coi, ſtill, ruhig. ſe tenir coi.
coin, Keil, Ecke, Winkel.
recoin, m. Schlupfwinkel.
cole, colle, f. Leim, Pappe.
coler, leimen, pappen, kleiſtern.
compacte, dichte, dicke.
concert, m. Zuſammenſtimmung.
de concert, einmüthiglich verabredet.
déconcerter, verwirren, aus der Ordnung bringen.
congé, m. Abſchied, Urlaub.
congru, geziemend, ſchicklich.
conniver, durch die Finger ſehen.
conque, f. Schnecke, Muſchel.
convier, einladen.
coquin, Bärenhäuter, Schelm.
coton, m. Baumwolle, Milchhaar.

courbe, krumm.
courber, krümmen.
courroux, m. Zorn, Grimm.
court, kurz.
accourcir, abkürzen.
couver, brüten.
cracher, räuſpern.
crachement, das Auswerfen.
crachat, m. Speichel, Auswurf.
craie, craye, f. Kreyde.
crayon, m. Reißbley, Abbildung.
crayonner, entwerfen, abreiſſen.
crapaud, m. Kröte.
crêpe, f. Flor, Crep.
crever, crepiren, berſten.
creve-cœur, Herzleid, Verdruß.
creux, tief, hohl.
creuſer, höhlen, aushöhlen.
croc, m. Hacke, Krampe, Krach, Schall.
crochu, gebogen, krumm.
accrocher, anhäckeln, erwiſchen, aufhalten.
croitre, croiſſant, cru, wachſen.
accroitre, vermehren.
ſurcroit, m. Uebermaß, Zuwachs.
crote, f. Koth.
croter, kothig machen.
décroter, reinigen. les ſouliers.
décrotoire, f. Schuhbürſte.
crouler, wackeln, ſchütteln.
crou-

croupir, faulen, ſtinkend werden.
croûte, f. Kruſte, Brodtrinde.
cû, cul, der Boden, Hintertheil.
   culotte, f. Hoſen.
   acculer, in die Enge treiben.
   reculer, zurück ziehen.
cuir, m. Leder.
cuiſſe, f. Schenkel.
culte, m. Gottesdienſt.
   cultiver la terre, die Erde
   bauen.
   inculte, ungebaut, grob,
   ungezogen.
cupide, begierig.
curer, ſcheuren, auspuꜩen.
   cure-dent, m. Zahnſtöhrer.
   cure-oreille, Ohrlöffel.

d.

dà, ja, ja wol, doch.
   oui dà, ja doch.
   non dà, nein doch.
dandin, m. Tändler.
   dandiner, läppiſch thun,
   gaffen.
dard, m. Wurfſpieß.
   darder, als einen ſolchen
   Spieß werfen.
daupbin, m. Meerſchwein.
dé, m. Würfel, Fingerhut.
débauche, f. übermäſſiges Leben.
   faire la débauche, ſchwel-
   gen.
débit, m. Abgang, Verkauf.

débiter, verkaufen.
debonnaire, gütig.
déchirer, zerreiſſen, verläumden.
décombres, Schutt.
   décombrer, wegräumen,
   ausräumen.
décrepit, uralt.
défunt, verſtorben.
délabrer, zerreiſſen.
denſe, dick, zuſammengepackt.
dépit, m. Zorn, Verdruß.
dépouille, f. Fell, Beute,
   Erndte, das Abgelegte.
   dépouiller, berauben, ab-
   ziehen, ablegen.
deſpote, Oberherr.
diéte, f. Geſundheits-Regeln,
   Mäſſigkeit, Reichstag,
   Landtag.
dilater, ausbreiten, erweitern.
diſette, f. Nothdurft, Mangel.
diſperſer, zerſtreuen.
diſſiper, verjagen, zerſtreuen.
diviſer, abtheilen, trennen.
dragon, m. Drache, Drago-
   net.
drogue, f. Gewürz, Specerey.
   droguiſte, m. Materialiſt.
dreſſer, richten, gerad machen.
   adreſſer, richten, anweiſen,
   hinweiſen.
   redreſſer, wieder zurecht
   bringen.
drôle, poſſierlicher Menſch.
   adj. wunderlich.
dru, zeitig, friſch, zart und
   dick.

E   *dupe*,

dupe, der sich betriegen läßt.
duper, listig hintergehen.
duvet, m. Plaumfeder.

e.

ébaucher, aus dem Groben arbeiten.
ébauche, f. Entwurf.
écaille, f. Schuppe, Fischschuppe, Schale.
écailler, abschuppen.
écarter, entfernen, bey Seite legen, zerstreuen, aus dem Gleise weichen.
s'écarter, sich verirren.
à l'écart, abwärts, beyseite.
échanson, m. Mundschenk.
échantillon, m. Muster, Probe (vom Zeuge).
échapper, entwischen, entgehen.
échappée, f. Uebereilung, Versehen.
échapatoire, f. Ausflucht, Ausrede.
écharde, f. Scharte, Schiefer, Splitter.
échelle, f. Leiter, Maaßstab.
escalier, m. Treppe, Stiege.
échouër, stranden, Schiffbruch leiden.
éclat, m. Laut, Klang, Knall, Glanz, Ausbruch, Aufsehen.
éclater, knallen, zerbrechen, offenbar werden.
éclatant, knallend, herrlich.

écluse, f. Schleuse.
écorce, f. Rinde, Schale, das Aeusserste.
écorcer, abschälen, abstreifen.
écorcher, schinden, abstreifen.
écorcherie, f. Schindgrube.
écorcheur, m. Schinder, Abdecker.
écornifler, schmarotzen.
écornifleur, Schmarotzer.
écot, m. Zeche.
écraser, zerknirschen, zerquetschen.
écrevice, f. Krebs.
écueil, m. Felsen am Meer, Klippe.
écume, f. Schaum.
écumer, schäumen, Schaum abnehmen.
écumeux, schaumicht, voll Schaum.
écumoire, m. Schaumlöffel.
écurie, f. Pferdestall.
écuyer, Schildträger, Stallmeister.
écuyer tranchant, Vorschneider.
égrillard, lustig, listig.
eh, ey lieber! ach! interj.
éloge, m. Lobrede, Lobspruch.
émanciper, lossprechen.
s'émanciper, sich zu viel Freyheit nehmen.
émaner, herausfliessen, hervorkommen.

émo-

émolument, m. Nutzen, Vortheil, Accidenz.
emplâtre, m. Pflaster.
emprunter (de l'argent à q.) Geld von einem borgen.
emprunteur, Entlehner.
emprunt, m. Entlehnung.
encan, m. das Ganten, Auction.
vendre à l'encan, verauctioniren.
encens, m. Weyrauch.
enclume, f. Amboß.
énergie, f. Nachdruck, Kraft.
énergique, nachdrücklich.
engloutir, verschlucken.
enorme, aus der Weise, ungeheuer ꝛc.
entamer, anfangen, anschneiden.
ente, f. Pfropf-Pelsreis.
enter, pfropfen.
entrailles, pl. f. Eingeweide, Herz, Mitleiden, eigene Kinder.
épais, dick, dichte.
épaisseur, f. Dicke.
épancher, ausgiessen, vergiessen.
épanchement, m. Ausgiessung.
éperon, m. Sporn.
éperonner, spornen, Sporn geben.
épi, m. Aehre.
épier, Aehren schiessen, ausforschen.
épice, f. Specerey, Gewürz.

épicerie, f. idem.
épicer, würzen.
épine, f. Dornbusch, Hagedorn.
épineux, dornicht, rauh, beschwerlich.
épingle, f. Stecknadel.
épitre, f. Sendschreiben, Epistel.
éplucher, auslesen, abputzen, durchsuchen, nachgrübeln.
éplucheur, m. Untersucher.
éponge, f. Schwamm.
équiper, rüsten, ausrüsten.
équipage, m. Rüstung.
équipée, f. thörichte That.
équitable, billig, gerecht.
inique, ungerecht.
ergo, mithin, folglich.
ergoler, zanken, disputiren.
escabeau, m. escabelle, f. Schemel.
escalin, m. Schilling (Münze).
escargot, m. Schnecke.
escarmouche, f. Scharmützel.
escarper, jähe machen.
escarpé, jäh, hoch, steil, abhängig.
esclave, m. Sclav, Leibeigener.
esclavage, m. Sclaverey, Knechtschaft.
escorte, f. Geleit, Bedeckung.
escorter, sicher hinführen.
escrime, f. Fechterkunst.
escroc, m. Geldschinder.
escroquer, abzwacken, listig erhaschen.

E 2   espa-

espace, m. Raum, Platz, Weite, Länge.
Espagne, f. Spanien.
espagnol, spanisch.
espalier, m. Geländer im Garten.
espion, m. Spion, Kundschafter.
espionner, verkundschaften.
essaim, m. Bienenschwarm.
essaimer, schwärmen.
essor, m. freye Luft.
prendre l'essor, sich in die Luft schwingen.
estampe, f. Kupferstich.
estomac, m. Magen, Brust.
estropier, zum Krüppel machen.
éstropié, lahm, Krüppel.
étable, f. Viehstall.
étalon, m. (sprich etlon) Zuchthengst.
étage, m. Stockwerk eines Hauses.
étaler, auslegen (Waaren).
détaler, einpacken, abbuden.
étancher, stillen (Blut oder Durst)
étançon, m. Stütze.
éternuër, niesen.
étincelle, f. Funken.
étiquette, f. Zettul über etwas, daß man wisse, was drinnen ist, Ceremonie.
étoffe, f. Stoff, Zeugmaterie.
étouffer, ersticken.

étourdir, betäuben, verwirren.
étourdi, unbedachtsam, dumm. subst.
étrangler, stranguliren, erwürgen.
étrier, m. Steigbügel.
étrille, f; Striegel.
étriller, striegeln, einem das Leder gerben.
évêque, m. Bischoff.
évêché, m. Bisthum.
épiscopal, bischöflich.
archevêque, Erzbischoff.
eunuque, c. Verschnittener.
exagérer, vergrössern, häufen.
exaucer, erhören (von GOtt).
exhiber, aufweisen.
exhorter, ermahnen.
expier, büssen, versöhnen.
extase, f. Entzückung.
extirper, ausrotten, mit der Wurzel.

f.

face, f. Angesicht, Oberfläche.
superficiel, äusserlich zu sehen.
fade, abgeschmackt, närrisch.
faire, machen.
faire voile, segeln.
faction, f. Aufruhr.
être en faction, Schildwache stehen.
faculté, f. Kraft, Vermögen.
fait, m. That. adj. gemacht.
faisable, thulich.

défai-

défaire, abmachen, auflösen, zernichten.

défaite, f. Niederlage.

faîte, m. Giebel, Gipfel, höchster Grad.

faste, m. Hochmuth, Stolz.

fame, f. Gerücht, Ruf.

fanfare, f. Trompetenschall, froher Schall.

fanfaron, m. Prahler.

fange, f. Koth.

fantaisie, f. Phantasey, Einbildung.

fantasque, fantastisch, wunderlich.

fantôme, m. Gespenst.

farcir, füllen (Fleisch, Geflügel).

fard, m. Schminke.

farder, schminken, anstreichen.

fardeau, m. Last, Bürde.

farouche, wild, grausam.

fatigue, f. Mühe, Arbeit, Strapatzen.

fatras, nichtswürdige Dinge.

faucon, m. Falke, Habicht.

fauteüil, m. Lehnsessel.

féces, pl. f. Hefen, Satz Unreinigkeit.

fécond, fruchtbar.

fée, f. Zauberin, Hexe.

feindre, dichten, erdenken.

la feinte, Erdichtung, Vorstellung.

fêler, springen, einen Riß bekommen.

félure, das Reissen, ein Riß.

ferme, f. Pacht, Meyerhof.

fermier, Pachter.

ferment, Sauerteig.

fermenter, gähren.

férule, f. Ruthe, Peitsche.

fétu, m. Splitter.

fève, f. Bohne.

fi, pfuy.

fibre, f. Fäserlein.

ficher, stecken, einstecken.

afficher, anheften, anschlagen.

fief, m. Lehngut.

fiel, m. Galle, Zorn.

fier, wild, stolz, grob, trotzig.

fierté, Wildheit, Hochmuth, Ernsthaftigkeit.

féroce, grausam, grimmig.

figer, gestehen, gerinnen.

fixe, fest, steif.

fixer, fest setzen, stellen, bestimmen.

filou, m. Beutelschneider, Betrüger.

filouter, betrügen.

finance, f. Geldgefälle, Renten. pl. Rentkammer.

financier, Rentbedienter, Schatzmeister.

flacon, m. Flasche.

flanc, m. Seite, Lenden.

flanquer, zur Seite setzen, beschützen.

flèche, f. Pfeil, Speckseite.

fléchir, biegen, bewegen.

réfléchir, wiederbeugen, nachdenken.
enfler, aufblasen.
  ronfler, schnarchen.
  siffler, pfeifen, blasen.
  souffler, blasen, hauchen.
  soufflet, m. Blasebalg, Maulschelle.
foin, interj. (mit de) pfuy.
foin, m. Heu.
foire, f. Jahrmarkt, Messe.
fomenter, erwärmen, bähen.
fonction, f. Amtsverwaltung.
fond, m. Boden, Grund. pl. baar Geld.
  à fond, gründlich.
  au fond, im übrigen, sonsten.
  couler à fond, zu Grunde sinken.
  enfoncer, tief einstecken.
  approfondir, ergründen.
  fondre, giessen, schmelzen.
  confondre, untereinander mischen, verwirren.
forer, bohren.
forêt, f. Forst, Wald.
forger, schmieden, erdenken.
  forgeron, m. Schmid.
forme, f. Gestalt, Form, Leisten.
  se formaliser (de Q.) sich an etwas stossen, worüber klagen.
  s'informer (de Q.) sich nach etwas erkundigen.
  reforme, Verbesserung.

formidable, erschrecklich, fürchterlich.
folâtre, unbesonnen.
  bafouër, schelten, ausmachen.
foudre, m. Donnerkeil, Schlag.
  foudroyant, blitzend, grimmig.
  fulminer, blitzen, zornig thun.
fouet, m. Peitsche, Geissel.
  fouetter, peitschen, geisseln.
fougue, f. jäher Zorn, Eifer, Ungestüm.
la fosse, der Graben.
  fouiller, grübeln, ausfuchen.
  farfouiller, herumstöhren.
fouler, unter die Füsse treten.
fourbe, betrügerisch. subst. Betrüger.
  fourberie, Betrug, Betrügeren.
fourbir, ausputzen, poliren.
fourmi, f. Ameise.
  fourmiller, wimmeln, in grosser Menge vorhanden seyn.
fournir, liefern, schaffen, hergeben.
  fourniture, f. Zubehör, Vorrath.
fourrer, einstecken, unterfüttern.
  se fourrer, sich eindringen.
  fourage, m. Fütterung (fürs Vieh).

foura-

fourager, Futter holen.
fourreau, m. Scheide, Futteral.
fourrure, f. Pelzwerk.
les frais, m. Unkosten, Spesen.
faux-frais, Nebenunkosten.
défraïer, befreyen, frey halten.
- fripon, Schelm, Dieb.
frotter, reiben, schmieren.
fraïeur, m. Schauer.
fraise, f. Erdbeer.
frein, m. Zaum, Gebiß.
effréné, ungezäumt, unbändig.
frêle, schwach, zerbrechlich.
frémir, schauern, grauen, sich entrüsten.
frénésie, f. Unsinnigkeit.
frénetique, sinnenlos, unsinnig.
frêt, m. Schifflohn, Schifffracht.
frétiller, hüpfen, springen.
friand, niedlich, vernascht, lecker.
morceau friand, Leckerbissen.
friche, brach liegen.
défricher, umbauen, umackern.
friser, kräuseln.
frivole, nichtig, eitel.
frilleux, frostig.
frisonner, schauern vor Kälte.
réfroidir, kalt machen.
se réfroidir, kalt werden.

fronde, f. Schleuder.
frugal, mäßig im Essen und Trinken.
frugalité, f. Mäßigkeit, Sparsamkeit.
funébre, zur Leiche gehörig.
oraison funébre, Leichenpredigt.
funerailles, f. pl. Leichenbegängniß.
funeste, traurig, unglücklich.
furtif, verstohlen, heimlich.
fuseau, m. Spindel.
fusil, m. Feuerstahl, Flinte.
fût, fust, m. Schaft am Gewehr.

g.

gai, lustig, frölich.
gaieté, f. Frölichkeit, Lust.
gaillard, lustig, munter.
gaine, f. Scheide, Futteral.
engainer, in die Scheide stecken.
galant, höflich, zierlich, galant.
subst. Buhler, Schalk.
un homme galant, ein verliebter Mensch.
un galant homme, ein artiger, beliebter Mensch.
galamment, zierlich.
gâle, f. Krätze, Raude.
galeux, krätzig, räudig.
galimatias, m. unverständliches Mischmasch im Reden.

garand,

garand, Bürge, Vertheidiger.
garantie, f. Bürgschaft.
garantir, beschirmen, bewahren, für etwas gut sagen.
garnir, versehen, ausstaffiren.
garniture, f. Ausstaffirung, Aufsatz.
garnison, f. Besatzung.
gascon, Gasconier, Prahler.
gasconnade, f. Prahlerey.
gateau, m. Kuchen.
gazon, m. Rasen.
gazonner, mit Rasen belegen.
gazouiller, zwitschern, (wie ein Vogel,) lallen.
gazouillement, m. das Zwitschern.
géant, m. Riese.
gigantesque, riesenmäßig.
gemeau, gemelle, Zwilling.
gendre, m. Eidam, Tochtermann, Schwiegersohn.
gêne, Plage, Folter.
gêner, plagen, pressen, zwingen.
geole, f. Gefängniß, Kerker.
gerer, walten, verwalten im Gericht.
geste, Geberde. pl. Thaten.
digérer, verdauen.
s'ingérer, sich einmischen.
suggerer, an die Hand geben.

germe, Sproß, Gewächs, Keim.
germer, sprossen, keimen.
gelir, liegen. (verb. defect.)
ci git, hier liegt (bey Grabschriften).
gite, f. Herberge, Nachtquartier, Lager des Hasens.
gibet, m. Galgen.
gibier, m. Wildpret.
gigot, Schenkel eines Thiers.
gingembre, Ingwer.
girofle, m. clou de girofle, Würznägelein.
giroflée, f. gelbe Veielchen.
giron, m. Schooß (de l'église).
girouëtte, Dachfahne, Wetterhahn.
glaive, f. Schwerdt, Richtschwerdt.
gladiateur, Fechter.
gland, m. Eichel, Quaste.
glane, f. Büschel nachgelesener Aehren.
glaner, Aehren lesen.
glisser, glitschen, rutschen.
se glisser, sich einschleichen.
glissant, glatt, schlüpfrich.
glu, f. Vogelleim.
gluër, mit Leim bestreichen.
gluant, glutineux, kleberich.
goguer, wohl leben, sich lustig machen.
à gogo, herrlich, nach Belieben.
goguenarder, scherzen, vexiren.

goufre,

goufre, m. Schlund, Abgrund.
gourd, steif, starr.
  engourdir, erstarren.
gourmand, freßig, freßhaft.
  gourmandise, f. Prasserey, Freßbegierde.
gourmer, mit Fäusten zerschlagen.
  gourmander, übel halten.
grain, Korn, Gran.
  grénier, Getreidboden, Speicher.
  grange, f. Scheuer, Bauerhof.
grape, Traubenkamm, Traube.
gras, fett, dick.
  de la terre grasse, teim.
  le gras de la jambe, die Wade.
  graisse, f. Fett, Feistigkeit.
  engraisser, fett machen, mästen.
grater, kratzen, scharren.
graver, stechen.
  graveur, Kupferstecher.
gravir, klettern.
gré, gefallen, belieben.
  de bon gré, freywillig.
  savoir gré de Q. à q. einem Dank wissen.
grenouille, Frosch.
grife, f. Klaue.
  grifonner, kritzeln, schmieren, schlecht schreiben.
gril, m. Rost.
  grille, f. eisernes Gitter.

grimace, f. verstellte Geberden.
  grimacer, Geberden verstellen.
grimper, klettern, klimmen.
grincer, mit den Zähnen knirschen.
grive, f. Krammetsvogel.
grogner, grunzen (wie ein Schwein) murren.
grommeler, brummen, murmeln.
grote, f. Höhle, Grotte, Gruft.
grotesque, närrisch, lächerlich.
gruau, Grütze.
gruë, f. Kranich. adj. einfältig.
gué, m. Wasserfuhrt.
  guéer, durchwaten, spülen.
guet, m. Wächter, Wacht.
gueule, f. Schlund, Rachen.
guide, m. Führer, Wegweiser.
  guider, führen, leiten.
guigner, schielen, scheel sehen.
guinder, winden.
  se guinder, sich hinaufschwingen.
guise, f. Weise, Manier.
  en guise de, an statt.

h.

ha, ha, ach, ey. interj.
habiter, wohnen, bewohnen.
habitude, Gewohnheit, Umgang.

habi-

habituël, angewöhnt, angebohren.
habler, großsprechen, prahlen.
hache, f. Beil, Axt.
  hacher, hacken.
  hachoir, m. Hackbrett, Hackmesser.
haïe, Zaun, Reihe.
haillon, m. Lumpe.
hâle, m. starke Sonnenhitze.
halte, halt, still. adv. et interj.
  halte-là, halt, still da.
hameau, geringes Dörflein.
hameçon, m. Angel.
hanche, f. Hüfte.
hanir, hennir, wiehern.
haper, erhaschen, erschnappen.
harang, Hering.
harceler, zum Zorn reitzen, quälen.
harlequin, m. Pickelhäring.
harnois, m. Harnisch, Reitzeug, Kutschgeschirr.
  harnacher, anschirren.
la harpe, die Harfe.
  harper, anhacken, anklammern.
harpon, m. Klammer, Wurfpfeil.
hé, He, hola. interj.
hébêter, stumpf, dumm machen.
hem! hört. interj.
herbe, f. Kraut, Gras.
hérisser, die Haare zu Berge stehen machen, über sich stehen.
hérisson, m. Igel, Schlagbaum mit spitzigen Zacken.
hériter, erben.
  deshériter, enterben.
héritier, m. Erbe.
héritage, m. Erbschaft, Erbgut.
héréditaire, erblich.
hermite, m. Einsiedler.
  hermitage, m. Einsiedlerey.
hétérodoxe, falschgläubig, irrig.
hibou, m. Horneule, Nachteule.
hideux, gräßlich, scheuslich.
himen, m. Hochzeitgott, Hochzeitlied, Heyrath.
himenée, f. Heyrath.
himne, Lobgesang, geistliches Lied.
hirondelle, Schwalbe.
hocher, rütteln, schütteln.
holà, hola. interj.
Holande, f. Holland.
holandois, Holländer, holländisch.
hoquet, m. Hetscher, Schluchser, das Schluchsen.
hoqueter, schluchsen.
horreur, Schauer, Grausen.
houblon, m. Hopfen.
houë, f. (hoyeau) m. eine Haue.
houër, hacken, hauen.
boulette, f. Hirtenstab.
houpe, f. Puderquast, Quast überhaupt.
houssart, hussart, m. Husar.
houx,

houx, m. Stechpalmen.
  housser, ausstäuben, stöbern.
  houssine, f. Stecken, Ruthe, Gerte.
huër, spöttisch nachschreyen.
  huée, höhnisches Geschrey.
huile, f. Oel.
  huile d'olive, Baumöl.
  huileux, ölicht.
huitre, f. Auster.
humer, einschlucken, einschlurfen.
humeur, f. Feuchtigkeit, Gemüthsart.
  humecter, anfeuchten, einweihen.
hure, f. Kopf eines wilden Thiers.
hurler, heulen.

i.

ja, schon.
  jadis, vor diesem.
  du tems jadis, vor diesem.
jaillir, hervorquellen, springen.
  rejaillir, zurückprallen, sprützen.
japer, bellen, (als ein Hund oder Fuchs).
jargon, m. Vogelgeschrey, undeutliche Sprache, leeres Geschwätz.
  jargonner, undeutlich reden, lallen.
jarret, m. Kniekehle.
  coupe - jarret, Meuchelmörder.

jarretiére, f. Knieband, Hosenband.
jaser, plaudern, schwatzen.
  jaserie, f. Gewäsch, Geplapper.
  jaseur, Plaudermaul, Plappertasche.
javeline, f. Wurfpfeil, Spieß.
idiome, Eigenschaft einer Sprache.
  idiotisme, m. einer Sprache besondere Redensart.
idiot, m. Ungelehrter.
idole, f. Götze, Abgott, einfältig.
  idolâtre, abgöttisch, Abgötter.
  idolâtrie, Abgötterey.
jetton, m. Rechenpfenning.
ignominie, f. Schimpf, Schmach.
imbécille, schwach.
immoler, opfern, aufopfern.
immunité, Freyheit.
impétrer, erlangen, bekommen.
incendie, f. Feuersbrunst.
inceste, Blutschande.
inculquer, einprägen, einschärfen.
indigent, bedürftig.
indulgent, gelind, gut, nachgebend.
indulgence, Gelindigkeit, Ablaß.
industrie, Kunst.
inéfable, unaussprechlich.

infé-

inférieur, m. Unterer.
infester, beschädigen, plagen.
infliger, Strafe anthun.
inhiber, verbieten, hindern.
insecte, Ungeziefer.
interprète, Dollmetscher.
  interpréter, Dollmetschen.
intrigue, f. verwirrter Handel, listige Ränke.
invéterer, einwurzeln.
joindre, fügen.
jonc, m. Binsen, Rohr.
joug, m. Joch.
jovial, lustig, munter.
ironie, f. Scherzrede, Spottrede.
  ironique, höhnisch, spöttisch.
itératif, wiederholt.
  réiterer, wiederholen.
itineraire, m. Reisebeschreibung.
jumeau, jumelle, Zwilling.
jument, f. eine Stute.
ivoire, f. Helfenbein.
ivraie, yvraie, yvroie, Unkraut.
ivre, trunken.
jus, m. Recht.
  jurisconsulte, Rechtsgelehrter.
jurisdiction, f. Gebiet, obrigkeitliche Gewalt.
jurisprudence, Rechtsgelahrtheit.
  faire justice, richten, strafen.
  rendre justice, Recht verschaffen.

justifier, rechtfertigen.
jus, m. Brühe, Saft.
  le jus de la treille, der Wein.

l.

labeur, Arbeit, Feldbau.
  laboureur, m. Ackersmann.
  labourer, das Feld bauen.
  laborieux, arbeitsam, fleißig.
lac, m. See.
lache, los, locker, träge, feige, untreu.
ladre, aussätzig, dumm, geizig.
lai, m. et f. Lay, Weltlicher.
  laïque, weltlich, layisch, gemein.
lambeau, Lumpen, Lappe.
lambris, Getäfel, Gypsdecke.
  lambrisser, täfeln.
lamenter, klagen, jammern.
lance, f. Lanze.
  lancer, schießen, werfen.
  élan, m. Seufzer, Sehnen, Schwung.
  élancer, schießen.
lapin, m. Caninichen.
laqs, m. Schlinge.
  lacer, lasser, schnüren.
  délacer, aufschnüren.
  enlacer, einschnüren, verstricken.
  entrelacer, in einander flechten.
lascif, geil, unkeusch.
lé, m. Tuchbreite.
leguer, im Testament vermachen.

legs,

legs, m. Vermächtniß.
légume, Hülsenfrucht, Gemüse.
lépre, f. Aussatz.
  lépreux, aussätzig.
léser, beleidigen, beschädigen, verletzen.
lésion, f. Verletzung.
lessive, f. Lauge.
lice, f. Rennbahn, Schranken, Wette.
lie, f. Hefen.
limace, f. limaçon, m. Schnecke ohne Haus.
lime, f. Feile.
  limer, feilen, ausarbeiten.
  limaille, f. Feilspäne, Feilstaub.
les limites, pl. m. Markstein.
  limiter, einschränken.
  esprit limité, mittelmäßiger Verstand.
  illimité, uneingeschränkt.
liqueur, f. Feuchtigkeit.
  liquide, feucht.
  liquider, richtig machen, tariren.
lire, f. Leyer.
lisse, glatt, glänzend.
  lisser, glätten, streichen.
liste, f. Verzeichniß, Liste.
s'aliter, sich legen, krank werden. lic.
livide, schwarzblau, von Schlägen.
livrer, liefern.
  livrance, f. Ueberlieferung.
loge, m. Hütte, Quartier.

logette, f. Hüttlein.
loisir, m. Weile, Muße, Zeit.
  à loisir, nach Gelegenheit.
loquet, Klinke, Thürschnalle.
louche, schielend.
  loucher, schielen, scheel sehen.
luëtte, f. das Zäpflein.
lugubre, kläglich.
lut, m. Leim.
  luter, verleimen, verkütten.
lut, m. Luth, Laute.
lutin, m. Poltergeist.
lutte, f. das Ringen.
  lutter, ringen, kämpfen.
luxe, m. Pracht, Uebermaaß.
  luxure, f. Unkeuschheit, Geilheit.
  luxurieux, geil, unkeusch.

m.

macérer, casteyen, einweihen.
machine, f. Werkzeug, Maschine.
  machiner Q. böse Anschläge schmieden.
macule, f. Flecken, Mackel.
  maculer, beflecken, besudeln.
madré, scheckicht, listig.
magazin, m. Vorrathshaus.
maille, f. ein gitterförmiges Gestricke, Masche, Heller.
maillot, m. Wickelzeug der Kinder.
enmaillotter, in Windeln einwickeln.

main,

main, f. Hand, Handschrift.
manier, mit Händen beta‑
  sten, verwalten.
manie, f. Unsinnigkeit, starke
  Neigung.
maniaque, toll, rasend.
maquereau, m. Kuppler.
maquignon, Roßkamm,
  Pferdehändler.
maraud, m. Schurke, Bären‑
  häuter.
maraude, f. marode, elend.
marbre, m. Marmor.
mare, f. Pfütze, Lache.
marais, m. Morast.
marécage, m. sumpfigter
  Ort.
marécageux, morastig.
maréchal, m. Marschall.
maréchal, Huffschmidt.
marge, f. Rand (im Buch.)
marguillier, m. Küster,
  Meßner.
marmite, f. metallener Koch‑
  topf.
marmiton, Küchenjung.
mars, Kriegsgott, der Merz.
martial, kriegerisch.
martir, m. Märtyrer.
martire, m. Marterthum,
  Marter.
martiriser, martern, quälen.
masque, m. Larve, Vorwand.
masquer, vermummen, ver‑
  stellen.
massacre, m. Blutbad, Hirsch‑
  kopf.
massacrer, ermorden.

masse, f. Klumpen.
massif, dick, dicht, schwer.
massue, f. Kolbe, Keile.
mât, m. Mastbaum.
masure, f. alte verfallene
  Mauer.
matelas, m. Matratze.
matelot, m. Bootsknecht.
matière, f. Materie.
mâtin, m. grosser Hund.
matois', adj. et subst. schlau,
  listig.
mausolée, herrliches Grab‑
  mahl.
mèche, f. Dacht, Lunte, Zun‑
  der.
mention, f. Meldung, Bericht.
mentionné, gemeldt, ge‑
  dacht.
sus-mentionné, obgemeldt.
merde, f. Menschenkoth.
merger, untertauchen.
  immersion, m. Eintau‑
    chung.
  submersion, f. Ueber‑
    schwemmung.
merlu, *merluche*, m. Stock‑
  fisch.
mesquin, karg, lausig.
messe, f. Messe.
dire la messe, die Messe le‑
  sen.
meugler, blöcken, brüllen.
meuglement, m. das Blö‑
  cken.
meurtre, m. Mord, Todt‑
  schlag.
meurtrier, Mörder, it. adj.
      miau‑

miauler, mauen, wie die Katzen.
mie, f. das Brosam.
mignard, Zärtling. adj. artig, lieblich).
   mignarder, zärtlich halten.
   mignon, lieblich, Schooßkind.
   mignoter, schmeicheln.
milice, f. Kriegswesen, = = leute.
   militaire, kriegerisch.
miquemac, m. Mischmasch.
mirer, visiren, zielen.
   se mirer, sich bespiegeln.
mistère, m. Geheimniß.
   mitiger, besänftigen, lindern.
moële, moîle, mouële, das Mark, das Beste.
moine, m. Mönch.
monastère, m. Kloster.
moineau, m. Sperling.
moisi, m. Schimmel, das Schimmliche.
   moisi, schimmlicht.
   moisir, schimmeln, verschimmeln.
mole, f. Last, Damm.
   molester, beschweren.
   démolir, schleiffen, Gebäu abtragen.
   démolition, f. Niederreissung.
momerie, f. Verstellung, verstelltes Wesen.
monnoie, f. Münz, klein Geld.
more, m. Mohr. moresque, f. subst.

morgue, f. trotziges Ansehen.
   morguer, sauer ansehen.
   morgueur, Trotzkopf.
morne, finster, trübe, melancholisch.
mortier, m. Mörser, Mörtel.
morve, f. Rotz.
   morveux, rotzig.
mosaïque, eingelegte Arbeit.
motte, f. Erdscholle, Hügel.
mousse, stumpf, dumm.
   émousser, stumpf machen.
moustache, f. Knebelbart.
moutarde, f. Möstrich.
mouton, m. Widder, Hammel.
muër, ändern, sich mausen, neue Haut, Haar ꝛc. kriegen.
   muë, f. das Mausen der Thiere.
mulet, m. mule, f. Maulesel.
munir, bevestigen.
murmure, m. das Murren.
   murmurer, brummen, murren.
musc, musque, m. Bisam.
   musquer, balsamiren.
muse, f. Muse, Kunstgöttin.
museau, m. Schnauze, Maul.
muser, sich besinnen.
mutiler, verstümmeln.
mutin, halsstarrig, aufrührisch.
   mutinerie, f. Meuterey, Aufruhr.
   se mutiner, sich empören.

mu-

mutuël, wechselweise, gegen einander.

n.

nain, m. naine, f. Zwerg.
 arbre nain, Zwergbaum.
nantir, verpfänden, versetzen.
naqueter, sich unterwerfen, biegen und schmiegen.
natte, f. Matte, Strohdecke.
 natter, mit Matten belegen.
ne, nicht.
 fainéant, nichts thuend, müßig.
 fainéanter, müßig gehen.
 fainéantise, f. Müßiggang.
néfle, f. Mispel.
négre, m. ein Mohr.
nëier, (noyer) ersäufen, überschwemmen.
se nëier, ersaufen, sich verderben.
nenni, ach nein.
nerf, m. Nerve, Spannader.
 nerveux, voll Nerven, stark, nachdrücklich.
 énerver, entkräften, schwächen.
neveu, m. Bruders oder Schwester Sohn.
 niéce, f. Bruders oder Schwester Tochter.
neutre, unpartheyisch, neutral, keiner von beyden.
 neutralité, f. Unpartheylichkeit, Neutralität.
nimphe, f. Göttin der Heyden, Nimpfe.

nique, f. das höhnische Nicken.
 faire la nique à q. etwas verachten.
niveau, m. Richtschnur, Wasserwage.
noël, m. Weynachten.
nombril, m. Nabel.
n o n c e, m. päpstlicher Gesandte.
nord, m. Nord, Mitternacht.
 nord-est, m. Nordostwind.
 nord-ouest, m. Nordwest.
nuque, f. Genicke, Nacken.

o.

obelisque, m. Spitzsäule.
oblique, krumm, schief, unrecht.
obole, f. Heller, halber Scrupel.
occulte, verborgen, heimlich.
océan, m. das grosse Weltmeer.
octroi, m. Zulassung, Erlaubniß.
 octroyer, gestatten, erlauben.
ode, f. Ode, Reimgesang.
oeil, m. Auge.
 oeillade, f. ein Blick.
 oeillader, anblicken.
offusquer, verdunkeln, verblenden.
oignon, m. Zwiebel, Blumenzwiebel.
oindre, salben.
 oint, m. ein Gesalbter.
 oing,

oing, m. Schmeer.
onction, f. Salbung, Schmierung.
onguent, m. Salbe.
once, f. eine Unze, zwey loth.
ongle, m. Nagel am Finger, Klaue.
opaque, undurchsichtig.
opiler, verstopfen, (von Gefässen des Leibes).
opprobre, m. Schande.
optique, f. Sehekunst.
opulent, reich, bemittelt.
 opulemment, reichlich.
 opulence, f. Reichthum, Ueberfluß.
exorbitant, übermäßig.
ordure, f. Koth, Dreck.
organe, m. Werkzeug, Hülfsmittel.
orgue, f. die Orgel.
orge, m. Gersten.
 orge mondé, Gerstengraupen.
orme, m. Ulmenbaum.
orteil, m. Zehe am Fuß.
ortie, f. Brennessel.
ortographe, Rechtschreibekunst.
osier, m. Weidenbaum.
otage, m. Unterpfand, Geissel.
ouëst, m. West, Abendgegend.
ours, m. ourse, f. Bär.
outil, m. Werkzeug.
outre, f. Schlauch.

p.

pacte, m. Vergleich, Bündniß.
pactiser, einen Vergleich machen.
page, m. Page, Edelknabe.
page, f. Seite eines Buchs.
pair, m. - de France, ein grosser Herr in Frankreich.
paitrir, kneten.
 paitri de malice, mit Bosheit angefüllt.
pal, m. Pfahl. pieu, m. Pfahl.
palefrenier, m. Stallknecht.
pallier, bemänteln, beschönen.
palme, f. Palmzweig, Sieg.
palmier, m. Palmbaum.
palpable, handgreiflich.
palpiter, zappeln, klopfen.
pâmer, se pâmer, ohnmächtig werden.
 se pâmer de rire, sich krank lachen.
pâmoison, f. Ohnmacht.
panacée, f. Arzney für alles.
pandre, ausbreiten.
 empan, m. Spanne.
 panser, füttern, die Wunde verbinden.
 épandre, ausbreiten.
 épanouir, aufgehen, (von Blumen).
pantoufle, f. Pantoffel.
paon, pán, m. Pfau.

F   pan-

pannoder, sich brüsten wie ein Pfau.
parabole, f. Gleichniß.
paradoxe, s. m. et adj. c. was unglaublich und doch gut ist.
parafer, Namen im Zug unterschreiben.
paragraphe, m. Absatz, Articul.
paralisie, f. Gicht, Lähmung.
paralitique, gichtbrüchig.
parasite, m. Schmarotzer.
parc, m. Thiergarten.
parchemin, m. Pergament.
pârer, zieren.
   parade, f. Zierde, Pracht.
   aparat, m. Zurüstung, Vorrath.
   apareil, m. Bereitschaft, Zurüstung.
paroi, f. Wand.
paroisse, f. Pfarre, Kirchspiel.
paroxisme, m. Anfall der Krankheit.
parque, f. Lebensgöttin, Parce.
pas, m. Schritt.
   passable, das hingehen kan.
   passager, Reisender zu Wasser.
   passager, vergänglich.
   outre-passer, überschreiten.
   trépassé, gestorben.
   trépas, m. Tod, Absterben.

pate, patte, f. Pfote, Klaue, Rostral.
patétique, pathétique, rührend, lebhaft, reizend.
patin, m. Schlittschuh.
patir, leiden.
   passif, leidend.
   dettes passives, was wir andern schuldig.
   dettes actives, was man uns schuldig.
   passionné, erzürnt, begierig.
   passionner, bewegen.
patois, m. Bauernsprache, platte Sprache.
patrouille, f. die Schaarwache.
pavé, m. Pflasterstein.
pavillon, m. Zelt, Flagge.
paupiére, f. Augenlieder.
pause, f. Pause, Absatz.
   pauser, stille halten, absetzen.
payen, Heide. subst. ein Heide.
   paganisme, m. Heidenthum.
pêche, f. Pfersig.
pedagogue, m. Lehrmeister.
pédant, m. Pedant, Schulfuchs.
   pédanterie, f. Schulfüchserey.
   pédantesque, eigensinnig gelehrt.

pédan-

pédantiser, prahlerisch handeln.
pegase, m. der Poeten Pferd.
peigne, m. Kamm.
 peigner, kämmen, putzen.
peiner, mit Mühe schaffen.
 pénible, mühsam, schwer.
 se repentir, sichs reuen lassen.
 repentance, f. Reue, Leid.
pêle, f. Schauffel.
 pêle-mêle, Mischmasch unter einander.
pelerin, m. et f. Pilgrim.
 pelerinage, m. Pilgrimschaft.
pelote, f. Ball, Knauel.
 peloton, m. kleines Klümplein.
 peloter, mit Bällen werfen, Ball spielen.
 peloter q. einen durchprügeln.
 comploter, böses Bündniß aufrichten.
pénétrer, durchdringen, ergründen.
 pénétration, f. scharfe Einsicht, Durchdringung.
penser, wägen, schätzen.
 pension, f. Kost, jährliches Gehalt.
 pensionnaire, m. f. Kostgänger.
 compensation, f. Vergütung.
 compenser, vergüten.

pepin, m. Kern (von Aepfeln ꝛc.)
 pépiniére, f. Baumschule.
perche, f. Stange, Meßruthe.
percussion, f. Schlag, Stoß, Schall.
 repercussiv, zurücktreibend.
 repercussion, f. Wiederprellen, Zurückwerfung der Strahlen.
perpetuël, immerwährend.
 perpetuité, f. Währung, Dauer.
 perpétuer, verewigen, fortpflanzen.
perroquet, m. Papegay.
peter, begehren, anfallen.
 pétition, f. Frage, Begehren.
 compétant, rechtmäßig.
pétulant, muthwillig, ausgelassen.
 pétulance, f. Muthwille, Frechheit.
populace, der Pöbel.
peupler, bewohnen, bevölkern.
 dépeupler, verwüsten, verheeren.
peuplier, m. Pappelbaum.
pharmacie, f. Apotheckerkunst.
phase, f. - de la lune, verschiedener Mondschein.
phebus, m. Musengott, Sonne, verworrene Redensart.

phiole, f. Glas mit engem Halse.
phlegme, m. zäher Speichel, Schleim, gelassenes Wesen, träge Natur.
phlegmatique, schleimicht, träge.
phrase, f. Redensart.
antiphrase, f. Widersinn, Gegensinn.
paraphrase, f. Umschreiben, Auslegung.
périphrase, f. Umschreibung.
phtisie, f. Schwindsucht.
piafe, f. Stolz, Trotz.
piafer, stolz daher traben.
piailler, schreyen wie die Hüner ꝛc. zanken.
piaillerie, f. Geschrey, Zank.
pic, m. Specht.
pic, m. Pickel, Haue.
picoter, mit Reden sticheln.
picoterie, f. Stichelreden, kleine Zänkerey.
pique, f. Spieß, heimlicher Groll.
se piquer, böse werden.
se piquer de Q. sich einer Sache rühmen, um etwas eifern.
pié, pied, m. Fuß, Gestelle.
sur le pié de etc. auf den Fuß —
gagner au pié, davon laufen.

mettre pié à terre, absteigen.
trépié, m. Dreyfuß.
piédestal, m. Fußgestell.
piéton, m. Fußgänger.
empiéter, betreten, wegnehmen.
expédient, m. Mittel, nützlich.
pièce, f. Stück, Theil.
pierreries, pl. f. Edelsteine.
piétre, elend, schlecht.
pigmée, m. Zwerg.
pile, f. Holzstoß, unrechte Seite einer Münze.
pilier, pilastre, m. Pfeiler.
pilote, m. Steuermann, Schiffmann.
compiler, zusammenlegen, — = tragen.
pilori, m. Schandpfeiler.
pilorier, an den Pranger stellen.
pin, m. Fichtenbaum.
pince, f. Spitze, Krebsscheeren.
pince-maille, karger Filz.
pinceau, m. Pinsel.
pinte, f. Maaß, halb Maaß.
pinter, tapfer saufen.
piper, Vögel locken, im Spiel betrügen, etwas wohl verstehen.
piperie, f. Betrug, Falschheit.
pipeur, m. Erzbetrüger.
pirate, m. Seeräuber.

pisser,

pisser, Urin lassen.
piste, f. Spur, Fußstapfe.
plage, m. Gegend, Ufer.
plaid, m. Streithandel, Proceß.
plaie, f. Wunde, Plage.
plain, eben, glatt.
 plaine, f. Ebene, Fläche.
 plan, m. Grundriß, Entwurf.
 planche, f. Bret, Diele.
 plancher, m. Breterboden.
 aplanir, eben, gleich machen.
plante, f. Pflanze.
 planter, pflanzen, einschlagen.
 planter q. là, einen verlassen.
 suplanter, Bein untersetzen.
pleige, m. Bürge, Gutsprecher.
 pleiger q. Bürge für einen seyn.
plein, voll.
 accomplir, erfüllen.
 remplir, erfüllen.
 emplette, f. das Einkaufen.
 faire emplette, einkaufen.
 suppléer, erfüllen, ersetzen.
plier, falten.
 pli, m. Falte.
 déploïer, ausbreiten.
 inapliqué, unachtsam.

complice, m. Mitverbrecher.
exploit, m. große tapfere That.
repliquer, wieder antworten.
plomb, m. Bley, Senkbley.
plonger, eintauchen, hineinstürzen.
poil, m. Haar.
 pelè, kahl, Kahlkopf.
 pelu, haaricht.
poindre, stechen.
 embonpoint, m. Fettleibigkeit.
 pointu, gespitzt, spitzig.
 pointiller, sticheln, um was geringes lärmen.
 pointilleux, zänkisch.
 ponctuël, genau, richtig.
 apointer, spitzen, verordnen.
 apointement, m. Spitzung, Sold, Gnadengeld.
poignard, m. Dolch, Betrübniß.
empoigner, in die Faust fassen.
poivre, m. Pfeffer.
 poivrer, pfeffern, anstecken.
police, f. Policey.
polir, poliren, höflich machen.
poltron, feig, Bärenhäuter.
 poltronnerie, f. Zaghaftigkeit.
pompe, f. Pracht, Gepränge.
 pompeux, prächtig.

pompe, f. Pumpe, Wasser-
  plumpe.
pondre, Eyer legen.
pontife, m. Pabst, Bischoff.
port, m. Port, Haven.
porter, tragen.
  portée, f. die Weite, so
    weit ein Gewehr trägt,
    Vermögen.
  se comporter, sich betragen,
    aufführen.
  comportement, Verhalten.
postérieur, der Hinterste.
  postériorité, f. das Nach-
    gehen.
  postérité, f. Nachkommen-
    schaft.
potence, f. Stütze, Krücke,
  Galgen.
pou, m. Laus.
  pouiller, lausen.
pouácre, unflätiger, säuischer
  Mensch. adj.
poulie, f. Rolle, Wirbel.
  poulier, hinaufwinden.
poupard, m. Wickelkind,
  Puppe.
  poupée, f. Puppe, Docke.
  poupe, f. Hintertheil des
    Schiffs.
pourpoint, m. Wammes,
  Brustlatz.
pourrir, faulen.
  pourriture, f. Fäule, Fäul-
    niß.
pous, m. Puls.
poutre, m. Querbalken.

prave, böse.
  dépravé, verderbt, ver-
    kehrt.
pré, m. Wiese.
  prérie, prairie, f. Wiese-
    wachs.
précoce, frühzeitig.
préconiser, hoch rühmen.
préface, f. Vorrede.
prégnant, heftig, gewaltsam.
  imprégné, vermischt, ange-
    füllt.
preindre, ausdrucken.
  épreinte, f. Zwang,
    Schmerzen.
  preignant, empfindlich.
  empreindre, eindrucken.
présager, deuten, vorher anzeigen.
  présage, m. Vorbedeutung,
    Vorbote.
prêtre, Priester.
prévariquer, übertreten, untreu seyn.
prodigue, f. m. Verschwen-
  der. adj. verschwende-
  risch.
  prodigalement, verschwen-
    derisch, liederlich.
  prodiguer, verschwenden,
    reichlich geben.
  prodigalité, f. Verschwen-
    dung.
profane, weltlich, gottlos.
  profaner, entheiligen.
prohiber, verbieten.
proie, f. Beute, Raub.
                    don-

donner à proie à, Preiß geben.
prolixe, weitläuftig.
  prolixité, f. Weitläuftigkeit.
prologue, Vorrede, Vorbericht.
prompt, schnell, geschickt.
  promptitude, f. Fertigkeit.
  promptuaire, m. Vorrathskammer.
  impromptu, m. Einfall.
prone, m. öffentliche Vermahnung.
  proner, predigen, rühmen.
propagation, f. Fortpflanzung.
prophéte, m. prophétesse, f. Prophet.
  prophétie, f. Propheceyung.
  prophétiser, propheceyen.
propice, gnädig.
prospére, glücklich.
prouë, f. Vordertheil des Schiffs.
province, f. Landschaft.
  provincial, zur Provinz gehörig.
pseaume, m. Psalm.
  psautier, m. Psalmbuch.
  psalmodier, Psalmen singen.
puce, f. Floh.
pucelle, f. Jungfrau, Mägdchen.
puër, stinken.
  puanteur, f. Gestank.

punaise, f. Wanze, Wandlaus.
pupille. m. Wayse, Pflegekind.
pupître, m. Pult.
pus, m. Eiter.
putain, f. Hure.

q.

quatre, vier.
  quarte, f. Quart, (ein Maaß).
  quadre, m. Rahm, Einfassung.
  quadrer, sich schicken, reimen.
  quadrat, m. Viereck, Quadrat.
  quadrant, m. Sonnenuhr, Quadrant.
équerre, f. Winckelmaaß.
carreau, m. viereckigter Platz, der Boden, Küssen, Donnerkeil, Biegeleisen, Gasse.
se carrer, sich brüsten.
carrière, f. Steinbruch, Laufbahn, Lebenslauf, Amt, Werk, Lauf.
carrefour, m. Ort, wo sich mehrere Wege oder Gassen durchschneiden.
quel, welcher?
  qualifier, qualificiren, betiteln.

qualification, f. Betitelung.
querir, holen.
quêter, spüren, betteln.
quêteur, Allmosensamler.
question, f. Frage, Streit, Folter.
questionnaire, m. Peiniger.
questionneur, der immer was zu fragen hat.
questionner, peinigen.
enquerir, s'enquerir, nachforschen.
enquête, f. Befragung.
s'enquêter, sich erkundigen.
exquis, ausgesucht.
queux, m. Wetzstein.
quille, f. Kegel.
quiller, Kegelplatz.
quint, fünfte Theil, die Quinte, Eigensinn, Einfall.
quintal, m. Centner.
quintessence, f. Kern, beste Kraft.
quite, frey, los.
quitance, f. Quittung.
quitancer, quittiren.
quote, cote, f. Antheil, wird nur mit part gebraucht.
payer sa cote-part, seinen Antheil bezahlen.
cotiser, schätzen, wie viel einer zu bezahlen.
quolibet, m. abgeschmackter Scherz, Schrift 2c.

r.

rable, m. Feuerhacken, Rücken vom Hasen oder Caninichen.
rabot, m. Hobel.
raboter, hobeln.
raboteux, ungleich, holpricht.
rabrouër, grob anfahren, abweisen.
race, f. Geschlecht, Stamm, Art.
racaille, f. Pöbel, Lumpengesindel.
racler, scharren, das Maaß abstreichen, übel auf Instrumenten spielen.
racleur, m. Scharrer, Stümper.
racloir, m. Schabeisen.
raclure, f. das Abgeschabte.
rade, f. Rhede im Meer.
radeau, m. Floß.
radoter, kindisch werden.
radoteur, der kindisch redet.
radoterie, f. Phantasterey.
raïe, (lis rée) Strich, Streife, Furche.
raïer, durchstreichen, Streifen ziehen.
raifort, m. Rettig, Meerrettig.
raser, mit dem Scheermesser scheeren.

ras,

ras, gleich, eben, beschoren.
rasade, f. volleingeschenktes Glas.
rasoir, m. Scheermesser.
rature, f. Radirung, Auskratzung.
raturer, radiren, auskratzen.
ratisser, schaben, scheeren.
ratissoire, f. Schabeisen.
raisin, m. Traube, Weintraube.
raiz, rez, m. Fläche, Ebene.
râle, m. Wachtelkönig.
râler, rasseln, keichen, röcheln.
râlement, das Röcheln.
rame, Steckholz.
rameau, m. Zweig, Aestlein.
ramée, f. grünes Laub.
rameux, zackig, ästig.
ramage, m. Laub, Vogelgesang.
ramon, m. alter stumpfer Besem.
ramonner, das Camin fegen.
ramonneur, Schornsteinfeger.
rame, f. Ruder, Rieß Papier, Rahmen zu Formen.
ramer, rudern.
rameur, Ruderknecht.

ramper, kriechen, sich herumschlingen, veracht seyn.
rampant, kriechend, gering.
reptile, m. kriechendes Thier.
rançon, f. Ranzion, Lösegeld.
rançonner, lösen, übermäßig fodern.
rancune, f. alter Groll.
râpe, f. Raspel, Reibeisen.
raper, raspeln, reiben.
rat, m. Ratte, Ratze.
ratière, f. Ratzen- Mäusefalle.
rate, f. Milz.
rateleux, milzsüchtig.
érater, munter machen.
rateau, m. Rechen.
rateler, rechen, zusammen harken.
ravauder, flicken.
ravaudeur, euse, Flicker.
ravaudage, m. das Flicken.
ravauderie, f. unnütze Kleinigkeit, Läpperey.
rauque, rauh, heiser.
enrouër, heiser machen.
rayon, m. Strahl, Radspeiche, Furche, Kerbe.
rayon de miel, Honigseim.
rayonner, Strahlen werfen, glänzen.
rais, m. Schein, Glanz, Radspeiche.

re-

rebours, m. gegen das Haar, die verkehrte Seite.
à rebours, verkehrt.
rébrousser chemin, wieder umkehren.
recouvrer, wieder erlangen.
réel, wirklich.
réalité, f. Wesen, Wirklichkeit.
refrain, wiederholter Schlußreim.
regimber, hinten ausschlagen, widerspenstig seyn.
regimbement, m. Ausschlagen der Pferde.
région, f. Gegend.
rein, m. Niere, Lende.
relaier, ausruhen lassen.
se relaier, ausruhen, ablösen.
relais, m. Ruhe, Sandbank.
chevaux de relais, frische Pferde.
rempart, m. Wall, Vormauer, Schutz.
se remparer, sich verschanzen, verwahren.
rémunerer, wieder vergelten.
rênes, f. Zügel am Zaum, Regierung.
repaire, m. Wildhöhle, Schlupfwinkel.
répudier, sein Weib verstossen.
repulluler, wieder hervorkeimen.

résine, f. Harz.
restaurer, wieder aufrichten.
rets, m. Netze, Garn.
rêver, scharf nachsinnen, träumen, phantasiren.
rêveur, Phantast, Träumer.
rêverie, f. Phantasterey, Einfälle.
rêvasser, ängstliche Träume haben, unruhig schlafen.
reverberer, zurückschlagen, zurückprallen.
ric à ric, adv. aufs genaueste, nicht zu viel, nicht zu wenig.
ride, f. Runzel.
ridé, runzlicht.
rider, runzeln, kraus machen.
rider son front, sauer sehen.
rigide, steif.
rigidité, f. Strenge, Schärfe.
rigueur, f. Strenge, Schärfe.
rigoureux, strenge, hart.
roide, steif, starr.
roideur, f. Steife.
roidir, steifen, spannen.
se roidir, sich widersetzen.
rime, f. Reim, Vers.
rimer, reimen.
rimasser, Reime machen.
rimaille, f. elende Verse.

ris,

ris, m. Reiß.
rival, m. Nebenbuhler.
rive, Ufer, Rand, Port.
robuste, stark.
roc, m. roche, f. rocher, m. Fels, Stein.
   rocaille, f. Stein-Muschel-Werk.
rocouler, girren wie die Tauben.
roder, herumlaufen.
rodomont, m. Prahler, Großsprecher.
   rodomontade, f. Prahlerey.
rogner, beschneiden, (die Flügel).
ronce, f. Brombeerstaude.
ronger, nagen, benagen.
   ronger ses ongles, nachsinnen.
   soucis rongeans, nagende Sorgen.
roseau, m. Schilf, Rohr.
rosse, f. Schindmähre.
   rosser, prügeln.
   roussin, Hengst.
rossignol, m. Nachtigall.
roture, f. unadelicher Stand, der Pöbel, Bauergut.
   roturier, m. Unedler, Gemeiner.
   rouille, f. Rost am Eisen.
   rouiller, enrouiller, rostig machen.
   se rouiller, s'enrouiller, rostig werden.

roux, rousse, fuchsroth.
rousseau, Rothkopf, Fuchs.
fer rouge, glüend Eisen.
roupie, f. Tropfen an der Nase.
roupieux, rotznäsig.
ruche, f. Bienenkorb.
rude, roh, grob.
   rudesse, f. rohes Wesen, Grobheit.
   rudiment, m. ersten Anfangsgründe.
ruër, ausschlagen, werfen.
   se ruër sur Q. auf etwas fallen, losgehen.
rugir, brüllen wie ein Löwe.
   rugissement, m. Brüllen der Löwen.
ruminer, wiederkäuen, überlegen, besser bedenken.
rustique, bäurisch.
   rustre, m. grober Baur, Lümmel.

s.

sabre, m. Säbel.
   sabrer, niedersäbeln.
sacrifier, opfern, widmen.
saillir, springen.
   saillie, f. was im Bauen hervorgehet, jähe Hitze, Zorn.
   une saillie ingénieuse, sinnreicher Einfall.
assaillir, anfallen.
assaut, m. Sturm, Anlauf.

saisir Q. ergreiffen, mit Gewalt einnehmen, in Arrest nehmen.
 se saisir de Q. sich bemeistern.
 être saisi, eingenommen seyn.
salive, f. Speichel.
sang, m. Blut.
 sang-froid, ruhiger Geist, Bedacht.
 sanguinaire, blutdürstig.
 sanglant, blutig, grausam.
 ensanglanter, blutig machen.
 se faire saigner, Ader lassen.
 saignée, f. Aderlässe, Verlust.
sanglé, f. Gurt, Riemen.
 sangler, gürten, hart schlagen.
sanglier, m. wild Schwein.
sanglot, m. gebrochner Seufzer.
 sangloter, seufzen, ächzen, schluchsen.
sape, f. tiefes Eingraben.
 saper, untergraben, umstossen.
sapin, m. Tannenbaum.
sarcler, jäten, ausjäten.
sas, m. Sieb, Haarsieb.
 sasser, durchsieben.
satin, m. Atlas.
satire, f. Satyre, Strafschrift.

satirique, stachlicht.
saturnien, traurig.
savate, f. alter Schuh.
savetier, Schuhflicker.
savater, stümpeln.
saule, m. Weidenbaum.
saumon, m. Lachsfisch.
savon, m. Seife.
 savonner, seifen, einseifen.
 savonnage, m. Seifwasser, Lauge.
scandale, m. Aergerniß.
 scandaleux, anstößig.
 scandaliser, ärgern, erzürnen.
scélérat, boshaft.
scélérat, Bösewicht.
scène, f. Schauplatz, Schauspiel.
sceau, m. Insiegel.
 sceller, siegeln, versiegeln.
scie, f. Säge.
 scier, sägen.
 sciage, m. das Sägen.
 sciéure, f. das Sägen, Sägespäne.
scrupule, m. Zweifel, 24 Gran ein Gewicht, der kleinste Theil einer Minute.
 scrupuleux, gewissenhaft, verzagt.
seau, m. Eimer, Wassereimer.
secoüer, schütteln, übel tractiren.
sédition, f. Aufruhr.
semelle, f. Sohle, Fußlänge.
      semer,

semer, ausſäen, ausbreiten.
parsemer, durchſäen, aus=
ſtreuen.
 semence, f. Saamen,
Saat.
 seminaire, m. Pflanzſchu=
le, Stadt=, Landſchule.
sénat, m. Rathsverſamlung.
 sénateur, m. Rathsherr.
seoir, ſitzen. def.
 séant, ſitzend, anſtändig.
 bienséant, anſtändig.
 malséant, meſſéant, unan=
ſtändig.
 séance, f. Sitz, Samm=
lung.
 sédiment, m. Satz, Hefen.
séran, m. Hechel.
 sérancer, hecheln.
seringue, f. Spritze.
 seringuer, ſpritzen.
sève, f. Saft, Baumſaft.
seuil, m. Thürſchwell.
 solive, f. Querbalken.
 soliveau, m. ein kleiner
Balken.
sevrer, entwehnen.
siècle, 100 Jahr, Seculum.
 séculier, weltlich.
 séculariser, weltlich ma=
chen.
sier, ſchneiden.
 sécant, durchſchneidend.
signe, m. Zeichen, Merk=
maal.
 faire signe, deuten.

siller, das Waſſer durchſchnei=
den.
 sillon, m. Furche, Runzel,
Strieme.
singulier, ſonderbar, einzeln.
sistême, m. Verfaſſung, Ein=
richtung einer Sache,
Lehrgebäude.
situer, ſtellen, legen.
 situation, f. Lage, Stand,
Zuſtand.
soc, m. Pflugeiſen.
solennel, feyerlich.
 solennité, f. Feyer, Ge=
pränge.
 solenniser, feyerlich bege=
hen.
somme, f. Laſt.
 assommer, überladen, er=
ſchlagen.
somme, f. Summa, Inhalt.
 sommer, aufbieten, auffor=
dern, ſummiren, über=
ſchlagen.
 sommet, m. Gipfel, Spi=
tze.
sommelier, m. Tafeldecker.
son, m. Klang, Schall, Kleye.
 sonner, klingen, läuten.
sonder, prüfen, forſchen.
sordide, unflätig.
sort, m. Loos, Schickſal, Zau=
berey.
 jetter au sort, loſen.
 sortilège, m. Zauberey.
 sorcier, m. Zauberer, He=
xenmeiſter. sorcière.

sor-

sorcellerie, f. Hexenwerk.
enforceler, bezaubern.
enforcelement, Bezauberung.
sou, saou, soule, voll, satt.
  souler, sättigen, voll machen.
  se souler, sich vollsaufen.
  assouvir, sättigen, füllen.
  insatiable, unersättlich.
  rassassier, sättigen.
  rassassiement, m. Sättigung.
souche, f. Baumstock, Kloß, Scheit Holz, Stammbaum.
soufre, m. Schwefel.
souris, f. Maus.
  souriceau, m. eine kleine Maus.
  chauve-souris, Fledermaus.
  souricière, f. Mausfalle.
  souverain, m. Oberherr.
  item höchst, oberst, vortrefflich.
stipuler, versprechen, sich vergleichen.
stockfiche, m. Stockfisch.
stratageme, m. Kriegeslist.
suave, lieblich, anmuthig.
  suavité, f. Lieblichkeit, Anmuth.
suc, m. Saft.
sucer, saugen.
succin, m. Bernstein, Agtstein.

suffoquer, ersticken.
suie, f. Ruß.
suif, m. Unschlitt, Talg.
supercherie, f. Falschheit.
suplice, m. Todesstrafe.
sur, sauer, herb.
surure, f. Naht, Narbe.

t.

talon, m. Ferse, Absatz.
  talonner, mit den Fersen stossen, nachjagen.
tambour, m. Trummel, Trummelschläger.
tamis, m. enges Sieb, Haarsieb.
  tamiser, sieben, sichten.
taon, tôn, m. Roßbrämse.
tapis, m. Tapete, Teppich.
  tapisser, tapeziren, behängen.
  tapisserie, f. Tapeceten, Teppich.
taquin, karg.
tarte, f. Torte, Art Kuchen.
tas, m. Haufen, Stoß.
  en tas, à tas, par tas, haufenweise.
tâter, tasten, forschen.
  tâter q. jemandes Meynung erforschen.
taupe, f. Maulwurf.
  taupière, f. Maulwurfsfalle.
  taupinière, f. Maulwurfshaufen.

tau-

taureau, m. Zuchtochse.
taux, m. taxe, f. Taxe, Schätzung.
   taxer, schätzen, taxiren.
temperer, mäßigen, lindern.
   tempérance, f. Mäßigkeit.
tendre, spannen, zielen.
   tente, f. Zelt, ausgespanntes Netz.
tenter, probieren.
   tentative, Versuch.
   attenter, trachten, streben, (nach dem Leben).
terne, verschossen, ohne Glanz, unscheinbar.
   ternir, den Glanz benehmen.
test, (liß tät) m. Hirnschale, Scherbe.
teter, saugen, (von jungen Kindern und Thieren).
thême, m. Thema, Text einer Predigt, Schulexercitium.
théorie, f. Betrachtung.
thrône, m. Thron.
tiède, laulicht, kaltsinnig.
   tièdeur, f. Lauigkeit, Kaltsinnigkeit.
   tiédir, lau, kaltsinnig werden.
   attiédir, lau, kaltsinnig machen.
tige, f. Stamm, Stengel.
tigne, f. Motte.
tigne, f. böser Grind.
   tigneux, grindig.

tigre, m. tigresse, f. Tiegerthier.
tiller, teiller, Hanf brechen.
tilleul, tillau, m. Lindenbaum.
timbale, f. Paucke.
   timbalier, m. Paucker.
timbre, m. Schlagglocke.
   timbrer, die Stempel aufdrücken.
   du papier timbré, gestempelt Papier.
   cerveau mal timbré, ungeschickter Kopf.
timon, m. Deichsel, Ruder, Regierung.
timpaniser, verlästern.
tine, f. Butte, Kufe.
tinter, klingen, sausen.
   tintement, m. Glockenklang, Ohrensausen.
   tintimarre, m. Getöse, Geschrey.
tipe, m. Vorbild.
tiran, Wüterich.
   tirannique, tyrannisch.
   tirannie, f. Tyranney.
   tiranniser, tyrannisiren, grausam seyn.
tirer, ziehen, schiessen, abmahlen.
   tirer du vin, Wein zapfen.
   - - des armes, fechten.
   tiret, m. Strichlein, divis, (in der Schrift).
   tire, f. Zug.

tout

tout d'une tire, in einem Zug, auf einmal.
tire - botes, m. Stiefelknecht.
tire - bouchon, m. Korkzieher.
tire-bourre, Flintenkräßer.
tire-bale, Kugelzieher.
tire - d'aile, Schwung, Flügelschwung. à tire-l'aide, mit starkem Flug.
tire-ligne, Reißfeder, (Rostral).
tire-lire, Sparbüchse.
tirailler, hin und wieder ziehen, umherzerren.
tisane, f. Gerstenbrühe.
tison, m. Scheitholz, Brand.
tisonner, das Feuer schüren.
tisonneur, Faulenzer, der gerne beym Feuer sißt.
attiser (le feu), anschüren.
titre, m. Titul ꝛc.
à bon titre, mit Recht.
attitrer, bestellen.
intituler, betiteln.
toise, f. Meßruthe, Klafter.
toiser, klaftern, messen.
tome, Band eines Buchs.
toufe, f. Büschel, Zopf.
toufu, dicht an einander, dick.
toupet, m. Büschlein.
toupie, f. Kreisel, Treibkugel.
toupier, herumlaufen.

tracas, m. Unruhe, Getümmel.
tracasser, hin und her laufen, quälen, zaudern.
trame, tréme, f. Webereinschlag, menschlich leben, böser Handel.
tramer, weben, wirken, anstiften.
trape, f. Falle, Fallthür.
trébucher, stolpern, überwiegen.
trébuchement, m. Fall, Sturß.
trébucher, Goldwage, Meisekasten.
trepigner, stampfen, trampeln.
trepignement, das Trampeln.
tresse, f. Flechte, Zopf.
tresser, flechten, Zöpfe machen.
détresse, f. Angst, Bangigkeit.
tréve, f. Waffenstillstand.
tréve de complimens, weg mit Complimenten.
tricher, betrügen (im Spiel).
tricherie, f. Betrügerey.
tricoter, stricken, knitteln, Spißen würken.
tricoteur, m. euse, f. Strumpfstricker.
tricotage, m. das Strumpfstricken, Strickerlohn.
tripes, f. pl. Kaldaunen.

trogne,

trogne, f. ein kůpfrig Gesicht.
trognon de chou, Kohlstrunk.
- - - de poire, de pomme, Birnen- Apfelkröbs, (Kernhäusgen).
tronc, m. Stamm, Klotz, Almosenstock.
   tronçon, Stümmel, abgebrochenes Stück.
   tronquer, verstümmeln, abkürzen.
trophée, m. Siegeszeichen.
trot, m. der Trab.
trote, f. Stück Wegs.
troter, traben, stark gehen.
   troteur, Umläufer.
trousse, f. Köcher, Ranzen, Packbindel, Besteck, Betrug.
   trousseau, m. Bündel.
   un trousseau de clefs, ein Bund Schlüssel.
   trousser, retrousser, auffchürzen, aufstutzen, aufstreifen.
truie, f. Zuchtsau.
tube, m. Sehrohr.
tuile, f. Ziegel, Dachziegel.
tulipe, f. Tulipan, Tulpe.
turlupin, m. garstiger Possenreisser.

V.

vacarme, m. Lerm, Geschenke.
vaciller, gleiten, wanken, stammeln, unschlüßig seyn.
s'évader, entwischen, durchgehen.

envahir, anfallen, zu sich reissen.
invasion, f. Anfall, Einfall.
invective, f. Schelt- Schmährede.
vade-mecum, m. was man stets bey sich trägt.
val, m. pl. vaux, vallée, f. Thal.
   vallon, kleines Thal.
valise, f. Felleisen.
   adieu la valise, es ist hin, (verlohren).
van, m. Wanne, Schwinge.
   vanner, sichten, in einer Schwinge reinigen.
vaquer, ledig stehen, Ferien haben.
   vaquer à Q. einer Sache obliegen.
vacuité, f. Ledigkeit.
vaudeville, f. Gassenlied.
vautour, m. Geyer, Raubvogel.
vautrait, m. Schweinejagd.
veautrer, se veautrer, welzen, sich welzen.
veine, f. Ader.
velu, zottlicht, haaricht, rauch, schimmlicht.
véniel, erläßlich.
venin, m. Gift, Bosheit.
   vénimeux, giftig.
vermeil, hochroth.
verrue, f. Warze.
vétille, f. Lappalien, unnütze Dinge.
   vétiller, dergleichen treiben.

véti-

vétilleur, Zeitverschwender.
vexer, plagen, quälen.
vexation, f. Plage, Unrecht.
vibrer, hin und her schwingen.
vibration, f. Schwung, öftere Bewegung.
vielle, f. Leyer.
vieller, auf der Leyer spielen, leyren.
vielleur, m. Leyermann.
vipére, f. Otter.
race de vipére, Ottergezüchte.
virer, das Schiff lenken, umdrehen.
tourner et virer, sich hin und her drehen.
vis, f. Schraube, Wendeltreppe.
vogue, f. Fahrt, Galeenlauf, Ansehen, Gang.
être en vogue, im Schwang gehen.
voguer, rudern.
voir, sehen.
viser, zielen, Absicht haben.
visée, f. das Zielen, Absicht.
vision, f. das Sehen, Erscheinung, Gesicht, Einfall.
visionnaire, m. Grillenfänger.
volver, winden.
volume, m. Buch, Stück.
volubilité, f. Behendigkeit, Fertigkeit.
volter, den Leib im Fechten wenden.

volte, f. Tummelkreis, Wendung.
vomir, sich erbrechen.
vomir des injures, Schmähreden ausstossen.
vouër, angeloben, widmen.
se vouër, sich ergeben.
voter, Stimme geben, votiren.
voute, f. Gewölbe.
vouter, wölben.
se vouter, sich krümmen.
urine, f. Harn, Urin.
uriner, Urin lassen, pissen.
urinal, m. Harnglas.
urne, f. Urne, Todtenkrug, Todtentopf.
vulnerer, verwunden.
vulnerable, was zu verwunden.
vulneraire, potion vulneraire, Wundtrank.

z.

zénith, m. Scheitelpunct.
zéphire, m. Zephir, sanfter Westwind.
zero, m. eine Null im Rechnen.
zest, m. welscher Nußsattel zwischen dem Kern, Puderbeutel, geschnittene Pomeranzenschalen in Wein zu thun.
ziczac, zigzag, m. Storchschnabel, Zange von vielen verschränkten Armen, womit man weit langen kan.
zizanie, f. Unkraut.